时间的力量

企业时间管理实践与思考

郭 为 ◎ 著

企业管理出版社

图书在版编目（CIP）数据

时间的力量：企业时间管理实践与思考 / 郭为著. —北京：企业管理出版社，2023.3

ISBN 978-7-5164-2659-3

Ⅰ. ①时… Ⅱ. ①郭… Ⅲ. ①时间—企业管理—研究 Ⅳ. ①F272

中国版本图书馆 CIP 数据核字（2022）第 121926 号

书　　名：	时间的力量——企业时间管理实践与思考
书　　号：	ISBN 978-7-5164-2659-3
作　　者：	郭　为
责任编辑：	尤　颖　郑　亮　徐金凤
出版发行：	企业管理出版社
经　　销：	新华书店
地　　址：	北京市海淀区紫竹院南路 17 号　　邮　　编：100048
网　　址：	http://www.emph.cn　　电子信箱：emph001@163.com
电　　话：	编辑部（010）68701638　　发行部（010）68701816
印　　刷：	北京博海升彩色印刷有限公司
版　　次：	2023 年 3 月第 1 版
印　　次：	2023 年 5 月第 2 次印刷
开　　本：	880mm×1230mm　1/32
印　　张：	9 印张
字　　数：	225 千字
定　　价：	68.00 元

版权所有　翻印必究　·　印装有误　负责调换

出版者的话 / THE WORD OF THE PUBLISHER

企业管理出版社自成立以来，始终坚持面向企业、为企业和企业家服务的办社宗旨，紧紧围绕国家经济建设和中国企业管理与发展的主线，致力于传播管理前沿理论、知识、方法，推广先进典型的企业管理实践经验，编辑出版了大量管理理论和管理实践类专业图书，受到读者和企业界的好评。

改革开放40多年来，在我国广大管理专家和企业家的共同努力下，伴随我国企业的发展与壮大，我国管理研究和管理实践都取得了丰硕成果。为总结和传播我国管理研究与管理实践的优秀成果，推动我国管理实践、科研及教学上新台阶，促进我国企业管理水平不断提升，实现企业高质量可持续发展，企业管理出版社汇集我国当代著名管理专家和优秀企业家的精品原创著作，编辑出版《中国管理名家文库》（以下简称《文库》）。

《文库》有以下几个特点：

第一，阵容强。《文库》作者队伍由权威管理专家和知名企业家组成，他们是我国管理研究和实践创新方面有独到建树并取得卓越成就的专家和企业家。

第二，内容广。"名家"们可以向读者展示自己最想展示的内容。《文库》收录的著作内容既可以是管理学术研究建树和管理实践成果，也可以是专家和企业家的管理思想，还可以是专家和企业家对管理的感悟和心得，等等。只要是对管理专业人士或管理者有价值的东西，都可作为《文库》的内容。

第三，形式活。《文库》对收录的著作之表现形式不作硬性的规定和要求，"名家"们可以自由发挥，以自己喜欢的形式著述。

希望更多优秀的管理专家和企业家加入《中国管理名家文库》作者队伍，希望广大管理专家、企业家和读者朋友大力推荐"名家"，帮助我们把《中国管理名家文库》做好。

序

谈起以色列，令我印象最深刻的是，在以色列宣告建国24小时后，周边国家就开始了对以色列的进攻。这让我不禁想起，神州数码也是在特殊的历史环境下诞生的，从成立的第一天就面临着巨大的挑战，不得不为生存而奋斗。当时的神州数码如同一艘小艇，既要穿越外部的重重惊涛骇浪，又要在转型中不断蜕变升级。有时，我甚至想，从零开始做一个创业公司也许比带领传统业务进行转型更容易一些，因为历史的惯性很容易扼杀创新的生命力。

创业维艰，砥砺前行，22年弹指一挥间。令我欣慰的是，如今的神州数码已经从当初的小艇发展成为一艘大船。这艘大船不仅承载着两万名员工，更承载着我们的合作伙伴、客户，大家既是利益共同体，更是命运共同体。我们努力让这艘大船行驶得更稳、更远，让所有搭乘这艘船的人都能过上更幸福的生活，实现更大的人生价值，不断追逐我们的光荣与梦想——让"数字中国"这个愿景照进现实。

在这个蜕变的过程中，我对神州数码有一个始终不变的要求："从边缘走向主流，从主流走向前沿。"何谓边缘？何谓主流？早期，我们从事的是IT产品代理分销业务，这显然与科技相关，但属于边缘业务。当然，在整个市场对IT的理解都较为局限的21世纪之初，这是一个很好的现金流业务，正是依靠这一业务，神州数码才活了下来。然而，我们始终没有忘记，向IT服务转型、做软件服务、为客户提供数字化解决方案，才是IT业务的主体。为此，我们奋斗了20多年，不仅成功走向主流，更取得了在相关领域的领导地位。今天，数云融合将是未来数字化技术的发展方向，神州数码也开始了新的征程，向科技前沿进发，努力为客户提供自主可控、与世界同步的数云融合的基础设施技术、产品和服务。

这对我们的组织能力提出了挑战：如何才能让团队更高效地深耕前沿技术？如何赋能每一位员工，让他们发挥自己的最大价值？如何做好战略管理，使战略真正落地并形成战略势能？如何有效配置企业内部的有限资源，更好地实现组织目标？如何建立组织的领导力？

为了找到这些问题的答案，我大量研读了管理大师们的经典管理学书籍。我们很幸运，生活在一个知识资源非常丰富的年代，有很多管理理论值得我们学习、借鉴。从泰勒制到梅约定律，从巴纳德到西蒙，基于对人的不同假设，管理理论与方法不断演进，对这些理论的学习使我获得了很多启发，彼得·德鲁克的《卓有成效的管理者》对我产生了尤为深刻的影响。然而，这么多理论、方法如何为企业所用呢？企业在管理上的抓手究竟是什么呢？从一个实践者的角度，我一直尝试着为企业管理找到一个简单而高效的抓手。

直到有一天，我读泰戈尔的书，谈及生命的意义，我突然意识到，每个人都在追求人生的意义，而人生是什么？不就是时间嘛！无论从个人还是从组织的角度来看，时间都是不可再生的资源。如果我们能够让每一天都过得有意义，不就是让人生更有意义吗？那一刻，我恍然大悟：时间管理就是我一直寻找的企业管理的有效抓手！

沿着这个思路，我开始归纳和总结各种时间管理的理论和方法，并在企业内部开办不同层面的培训班，组织大家学习、研讨，还把周报等时间管理工具在全公司推广。通过丰富多样的方式，大家共同学习时间管理，共同思考在工作中应如何精进，科学高效的时间管理渐渐成为我们的企业文化。从2017年到现在，我们不断实践、不断总结、不断进行集体思考和论证，最终总结出一套系统化的、具有实操性的时间管理方法论，也因此有了这本书的诞生。

本书于2017年撰写了第一版，在公司内部作为培训教材使用。2021年，第二版开始编写，对书中原有内容进行了更新，并融入公司中关于时间管理的众多优秀案例。在这个过程中，公司的很多同事都为我提供了帮助，在此表示感谢。也正因为如此，这本书是企业管理实践的结晶，也是团队精神和团队活动的成果，它凝聚了无数人的心血，是神州数码人共同编写的一部管理工作指导书。

从成立之初的强敌环绕、四面楚歌到如今跻身世界强国之列，以色列走出了一条苦难与辉煌的崛起之路。而从成立之初的几十亿元规模发展到今天的 1500 亿元，神州数码也在披荆斩棘中从边缘走到了前沿。在这个伟大的、百年不遇的潮流中，我们以时间管理为抓手，有信心、有决心在世界数字化产业链的关键节点上，实现神州数码的独特价值，为数字中国做出我们应有的贡献。

人生的机缘在于同谁在一起。我有幸托庇于善良的父母，他们不仅赋予我生命，而且教给我做人的原则；我有幸在读书期间得到了诸多一流教授学者的指导，他们都是各自领域的大师，培养了我从经典中汲取力量的习惯和追求学问的勇气；我有幸在加入第一家企业工作时就得到中国改革开放后第一代领袖级企业家的言传身教；感谢公司董事会，在公司试错的过程中，不断鼓励我前行，挑战我的智商……我因此心怀感恩。

在此，我要感谢与我共同奋斗的团队成员，每一次共渡难关都为我带来一次升华，每一次举杯相庆都是人生的最好体验。感谢我的家人，一个专注于工作的人很难做到生活与工作的平衡，但没有生活的快乐就不会有工作的激情，正是因为有了家人的包容和无私给予，我才能全身心地投入企业管理的实践中，才能有所成就、有所思考。感谢企业管理出版社的孙庆生社长，是他鼓励和支持我将时间管理的思考纳入"中国管理名家文库"公开出版。我还要感谢出版社的尤颖、郑亮、徐金凤老师，本书的出版离不开他们的大力支持。

之前，在我的另一本书《数字化的力量》刚刚上市后，朋友张高波（滴灌通联合创始人）写给我这样一段话："读第三章《重构企业价值的数字化转型》时，滴灌通的现实场景，不断在脑海里浮现，感觉你就在写滴灌通！资产数字化、产业数联、决策数智化、企业无边界实实在在就是我们的工作方向，经你这么一提炼，豁然开朗！"

我真诚地希望《时间的力量》也能如此产生共鸣。同时，书中的缺漏和不当之处，也敬请读者批评指正。

2022 年 7 月

目 录

第一章 管不好时间，就管不好任何事 ………… 001

时间是最稀缺的资源 ………………… 002

生命的质量在于时间管理 ……………… 004

时间管理是企业的必修课 ……………… 008

第二章 从管理的视角重新认识时间管理 ……… 015

时间管理，重在"管理" ……………… 016

计划是任务在时间上的分解 …………… 018

组织是任务、责任、流程的分工体系 ……… 026

协调让冲突消弭于无形 ………………… 030

控制的实现，离不开关键变量挖掘 ……… 038

第三章 用对方法，时间管理事半功倍 ………… 047

善用有效的时间管理工具 ……………… 048

一定要学会"拉条子"……………………………… 050

找到最重要的 20%……………………………… 057

用四象限区分轻重缓急…………………………… 062

用日程表统筹你的时间…………………………… 067

让工作周报发挥作用……………………………… 072

善于授权，管得少也能管得好…………………… 077

做好复盘，永远让下一次比这一次要好………… 086

第四章　把时间花在最重要的战略管理上……… 097

战略是企业的核心动能…………………………… 098

从更长的时间维度来思考战略规划……………… 099

分清轻重缓急，做出明智选择…………………… 109

将重点举措分解到周报，确保战略落地………… 112

敲好鼓点，战略执行无偏差……………………… 117

发扬"钉钉子"精神，形成战略势能…………… 121

退出画面看画，定期总结纠偏…………………… 125

第五章　以时间管理提升项目管理效率………… 129

时间管理是项目管理的灵魂……………………… 130

做好时间规划，确保项目进度 ……………………………… 139

管好干系人及其期望，慢就是快 ………………………… 147

用好项目时间管理中的可视化工具 ……………………… 151

第六章　以时间管理打造组织领导力 ……………………… 161

时间管理让组织更具领导力 ……………………………… 162

打造势能，相信"相信的力量" …………………………… 166

有传导，才有共识 ………………………………………… 191

发挥激励机制的驱动力 …………………………………… 219

纪律就是战斗力 …………………………………………… 240

第七章　高效能与平衡，是时间管理的终极要义 ………… 255

要高效率，更要高效能 …………………………………… 256

把握工作和生活的平衡之道 ……………………………… 258

谋定而后动，让风险消弭于无形 ………………………… 265

参考文献 …………………………………………………………… 270

第一章

管不好时间，
就管不好任何事

时间是最稀缺的资源

经济学有一个核心概念叫作"稀缺性",什么是稀缺性?经济学家托马斯·索维尔(Thomas Sowell)做出了精彩的诠释:"在现实中,从来没有足够的东西来满足每个人的需要。这才是真正的约束。"[①] 资源是有限的,而人类的欲望和需求是无限的,这两者之间的冲突与矛盾,是经济学要解决的基本问题。而在所有自然资源和社会资源中,有一种资源是最为稀缺的,那就是时间。

时间的稀缺在于其绝对公平,无论何人都不可多得哪怕一秒,时间是上天赋予我们每个人最公平的资源。虽然从长远来说,每个人的寿命是不同的,拥有的时间总量也不同,但从一个较短的时间尺度来看,无论贫穷还是富有,无论年长还是年少,每个人的一天都有且只有 24 个小时。谁都不可能在一天内拥有更多的时间,哪怕只是 0.1 秒。无论你是废寝忘食也好,懒散懈怠也罢,属于你的时间都不增不减。

---

① 托马斯·索维尔.经济学的思维方式[M].吴建新,译.成都:四川人民出版社,2018.

时间的稀缺在于其不可逆。在经典物理学中，牛顿提出了绝对时空观，他在其著作《自然哲学的数学原理》中对时间进行了描述："绝对的、真正的和数学的时间自身在流逝着，且由于其本性而在均匀地、与任何外界事物无关地流逝着。"在牛顿看来，"时间就好像一条无头无尾的均匀连续流逝的长河"，它是绝对的、无限的，永远不停地向前流动，从不逗留，更不会停滞。而在比牛顿更早的2000年前，东方哲人孔子就发出了同样的感慨："逝者如斯夫，不舍昼夜。"因为这种不可逆性，时间一旦逝去，就再也不会回来。

时间的稀缺在于其毫无弹性。每天的时间只有那么多，我们无法"开源"，也不能"节流"。我们只能利用这24小时来创造价值，即使你有再多的需求，时间也不会增加供给。如果不能好好珍惜，把握不住时间，人生就会在蹉跎中度过，最终一事无成。

时间的稀缺还在于其不可替代。在某种程度上，我们可以用一种资源来替代另一种资源。比如，用新能源代替石油驱动汽车，用塑钢型材代替木材制造家具。然而，没有任何一种物品具有时间的属性，时间是无法被替代的。

更重要的是，时间是世间一切的土壤。人和自然界中的所有生物都是在时间的长河中诞生、成长的，也是在这条长河里衰老、死亡的。人类所创造的所有价值、所有成就都是时间的产物。离开了时间，生命就失去了意义。

因此，彼得·德鲁克（Peter F.Drucker）说："时间是最稀缺的资源，除非它被管理好，否则其他一切都无法管理。"

生命的质量在于时间管理

时间如此稀缺、如此宝贵，所以我们常说时间就是生命，而如何管理时间，决定了我们的生命质量。

很多人因地位、思想及财富等种种社会话语体系中的不平等而愤懑、不满，其实，导致人们无法实现绝对平等的原因，恰恰是平等的时间资源。

生活中，我常常看到很多人把大量时间浪费在一些毫无意义的琐事上，每天都在浑浑噩噩、懒懒散散中虚度光阴。每当这时，我都会不由得想起彼得·德鲁克在《卓有成效的管理者》中所说的话："我们每个人都是时间的消费者，但大多数人是时间的浪费者！"当这些人因碌碌无为、一事无成而抱怨、悔恨时，是否意识到这一切都因为他对时间的挥霍与浪费？

与之相反的是，那些在某一领域做出突出成就的人，都惜时如金，深谙时间管理之道。古往今来，那些为人类创造出物质财富和精神财富的科学巨匠、文艺大师，都把时间视为珍宝，分秒必争。我认识的很多企业家也都是如此。

对这些懂得珍惜时间、善于利用时间的人来说，人生是一场与时间的稀缺性做斗争的持久战。时间越是稀缺，越要只争朝夕、不负韶华，努力提高时间的利用率，创造更大的价值。尤其是在如今这个越来越重视速度和效率的时代，更要将有限的时间资源投入更有意义的事情。而他们的成就正是由他们的时间管理所决定的。

浪费时间者与珍惜时间者之所以做出了不同的选择，可能源于他们对"人存在的价值"的理解不同。

人存在的价值到底是什么？但凡深入思考过这一问题的人，都不会再浑浑噩噩、浪费生命。

在我看来，人存在的价值，取决于他的社会属性和内心属性。如果对这两者的重要性再进行衡量，或许后者更大限度上决定了一个人将如何实现人生价值。换句话说，内心属性更大限度上决定了一个人拥有的聪明才智能否完全发挥出来，让他的一生既对得起自己，又对得起社会，或者至少能为社会做一些贡献。

那么，怎样通过调整内心属性，实现人生的价值？对于这个问题，泰戈尔的观点值得借鉴。他说，人包含三个方面的内容：生命、心智和心灵，三者相互依存。

生命是有限的，所以要尽量延续生命的长度，拓展生命的宽度。延续有限的生命，就要保证身体健康。如果身体不健康，特别是患有大病，很容易导致万念俱灰，不想思考，不想做事，一切也将化为虚无。

拓展生命的宽度，就要提升生命的质量。生命质量主要取决于人是否拥有内涵，是否能为社会创造价值。鲁迅曾说过，活的质量要比活的时间长度更重要。这个观点非常正确：相比于长寿，更要追求生命质量，争取每一天乃至每时每刻都做有意义的事情，取得心智和心灵上的精进，这样生命才能更有价值，人的幸福感才会更高。

心智指人类的智慧、聪明程度。人是一种很神奇的动物，出生后会不断学习新知识，最终变得越来越聪明，对世界的认知也会发生非常大的变化。所以人类是生命体和心智的融合体。

心智，或者说人类对世界的感受和看法，会比生命存在的时间更长。比如，史蒂芬·柯维（Stephen Richards Covey）创作了《高效能人士的7个习惯》，这本书流行的时间比他的生命更长。再比如，亨利·福特创建了福特汽车公司，这个企业的发展也比他的生命更持久。

怎么样让心智成长呢？道理很简单，就是依靠心灵的成长，也就是依靠对自己内心世界存在价值的认知提升。实际上，尽管范围和程度可能不一样，每个人的心灵都存在影响社会的能力。比如团队领导者就对团队成员有很大的影响——领导者对世界的认知、感受会转化为行动，生成气场，影响团队成员。

心灵又是怎样成长的呢？依靠思考。明代心学大家王阳明主张"格物致知"，意为多思考，围绕一个问题反复地思考。如果头脑整天都麻木、浑浑噩噩，心智就无法获得成长。在工作中，神州数码提倡努力工作，但努力不是指机械地重复劳动，而是要用心思考。很多伟大的成就往往看似来自灵光乍现，实际上却是大量思考之后产生的觉悟。

Netflix（网飞）是全球最大的流媒体服务提供商，关于其创业故事，有个流传很广的版本是，网飞联合创始人里德·哈斯廷斯（Reed Hastings）在百视达（Blockbuster）平台上租了一部电影，但因为逾期不得不支付40美元的滞纳金，于是他灵光一闪："如果有一个平台不需要收取滞纳金呢？"Netflix 就此诞生。但实际上，在此之前，哈斯廷斯花了很长时间思考创业的点子，如定制棒球棒、个性化冲浪板……并且做了很多尝试。而 Netflix 从最初的创意变成现实，也经过了哈斯廷斯和其创业团队长达数月的激烈讨论与深入研究，为此，他们在一家家庭餐馆里开了数次马拉松式的会议。Netflix 的商业传奇看似一种偶然，甚至像是心灵在一瞬间和上帝的握手和谈话，但实际上，其创立与发展是哈斯廷斯日思夜想、长期积累的结果。

理解了生命、心智与心灵之间的关系，人们就会意识到每个人的时间都是有限的，但在有限的时间里面，可以通过完成一些有价值的事情让心智与心灵得到成长。后两者成长的快慢，就取决于对时间的管理能力，取决于是不是有足够的时间去做这些事情。

我们在人世间的这趟旅程，生命的时间是有限的，行事也不得不拘束于有形或无形的各种规律，且没有回头路。我们在一个行业、一家公司、一个部门的工作，是这趟旅行中的一段历程，同样需要去寻觅行业发展的一些规律，以及去遵循公司管理的规则。但在这趟旅程中，心智与心灵的自由和成长是没有限度的，并不拘于一时一地。而这样的自由与成长，有赖于我们对时间的善加利用。若能使人生的每一分每一秒都充分发挥价值，我们的生命一定会有更高的质量。

时间管理是企业的必修课

个体的时间管理有着非常重要的意义，同样，企业的发展也离不开时间管理。相比个人的发展，企业之间的竞争更加残酷，可以说要么生存、要么死亡。这就要求企业时刻抓住时机，要用比竞争者更短的时间、更快的速度抓住时机，才能在市场上获得立足之地。

然而，如果我问"一个企业中最重要的东西是什么"，我相信很多人会给出"人才""营销""战略""客户""资本"等五花八门的答案，而回答"时间"的一定少之又少。

通过多年的观察，我发现，大部分企业以及企业中的大部分人没有认识到时间这种资源的重要性，更没有建立起科学而明确的时间观,尽管时间存在于每一个工作场合、每一个工作阶段。如果将一家企业的管理内容进行分类,很少有管理者会把"时间管理"单独列出来,也很少有管理者会将时间管理当成管理工作的重要组成部分。

但我们必须认识到,时间对企业来说太重要了,因为在相同的时间里,企业需要并且能够创造的财富比个体要多得多,时间之于企业,就是效率和效益,就是生产力。而从成本的角度来说,时间也不容忽视。对企业而言,时间看似没有任何成本,但实际上,企业在经营中无时无刻不在投入的、规模最大的、成本最高的资源就是管理者以及员工们的时间。如果做不好企业的时间管理,团队无法有效协同,管理者和员工们所投入的时间就会成为沉没成本,被白白浪费。

因此,在企业中,对时间的管理和对人、财、物的管理同样重要。那么,时间管理究竟会给企业带来哪些价值?根据在企业管理中的实践,我将其总结为三点。

1. 提高团队协同效率

企业中的大多数工作是互相依存的,当上一个流程节点上的事情没做完的时候,下一个流程节点只能等待。花在等待上的时间过多,团队整体的效能就会受到极大的影响。

通过 AOE 网(见图 1-1),我们可以清楚而直观地看到团队协作的整体时间消耗。

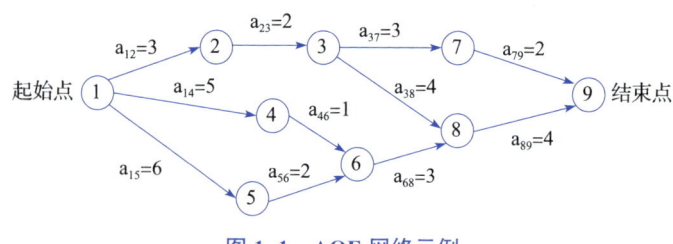

图 1-1　AOE 网络示例

AOE 网（Activity on Edge Network, AOE）[①] 是用来估算组合活动整体用时的。图中有圆圈和箭头两种标识，圆圈代表节点，箭头（也叫边）代表过程，边上标识的数字代表过程需要的时间，如果我们把图中的节点 1 视为事情开始的端点，9 视为完成的终点，从 1 到 9，各个节点的发生有其先决条件，只有在其之前的活动发生后，才能到达后续的节点。如节点 6 需要 a_{46} 与 a_{56} 均完成后，才能发生。按照图中的事件流向，找出事情完成的关键路径，就可以得出从 1 到 9 所需的时间。

这是一个对项目进度进行定量分析的数学工具，在项目精细化管理中经常用到。我们在此先不考虑定量分析，只是来定性地看，在关键路径上，如果活动有卡点、时间有拖延的话，整个流程的进度便会被拖延。通过这张图的具象化表示，

---

① 在现代化管理中，人们常用有向图来描述和分析一项工程的计划和实施过程，一个工程常被分为多个小的子工程，这些子工程被称为活动（Activity），在带权有向图中若以顶点表示事件，有向边表示活动，边上的权值表示该活动持续的时间，这样的图简称为 AOE 网。

能让我们更好理解团队协作中时间管理的意义。

在企业内部，各个部门、各个活动之间的配合，处处都会应用到协作的理念，都有时间管理的影子。公司要想充分把握商机，内部各个业务和职能部门就需要做好协同，每个成员都要意识到，个人时间绝不仅是个人时间，还是团队时间，个人的一点疏忽或者失误，都可能导致整个团队极大的时间浪费，要争取不让自己成为团队协作的卡点。

而如果通过科学的时间管理把整个团队的时间管理起来，让成员间产生共鸣、共振，团队成员的协同效率以及企业的时间利用效率就会大大提高，从而产生"1+1>2"的效用。

2. 节省客户时间，提高客户服务效率

对于企业而言，时间管理还具有另一种重要意义，那就是能为客户节省时间，提高客户服务效率。客户的重要性不言而喻，正如彼得·德鲁克所说："客户是企业的基石，是企业存活的命脉，只有客户才能创造就业机会。社会将能创造财富的资源托付给企业，也是为了满足客户的需求。"从这个意义上来说，节省客户的时间也是一种为客户提供服务的重要方式。

科捷物流是神州控股[①]旗下的智慧供应链服务品牌，从为各大厂商提供 IT 产品的供应链服务出发，扩展出了面向消费品行业的智慧仓储服务，很快就拿下了诸多行业头部的客户，

---

① 神州数码控股有限公司（股票代码 00861.HK），简称神州控股。

这正是因为它秉承着"为客户节约时间"的理念，做到了有效的时间管理。

在为客户提供智慧仓储服务时，科捷物流会跟踪订单从接单到货物出库的时间，通过对这个时间的不断压缩，一方面提高为客户服务的效率；另一方面提高仓内的人工利用率，降低成本。在此，我以科捷物流的典型客户P公司为例，来说明此类服务的难点在哪里。

P公司是世界领先的日用消费品公司，拥有众多深受消费者信赖的领导品牌。北京Y公司是P公司全球第一大经销商，负责P公司在某网络渠道的电商业务。每年"双11"，海量的订单都会给Y公司的供应链管理带来巨大的挑战，亟须找寻一家第三方专业物流公司来提升服务质量，提高客户满意度。快消品的线上销售，"快"是品牌方最注重的服务要素，对P公司的天猫店运营来说，要快速送达，有非常多的实际难点：

（1）产品类别、活动需求数量变化快、变化大；

（2）SKU庞杂、赠品种类多，库内操作精准度要求高；

（3）促销频繁、波峰单量巨大，库内作业效率要求高；

（4）订单送达地区广，配送准时率要求高；

（5）洗护类商品易破损，打包质量要求高。

科捷物流自2014年开始与Y公司持续紧密合作。为了提供更快、更好的服务，科捷物流从仓网布局、精准预测、运作能力等各方面全面提升，不断提升出仓的效率。

在仓网布局方面，从华北单一仓库快速发展至全国9地分仓，东南西北中遍地开花。波峰期间能够快速裂变至21仓发货，高效就近响应客户需求，最大限度地减少配送时间。在精准预测方面，快速迎合营销玩法，精准剖析制定预包机制，在波峰订单到来前实现包装工作前置，预包装售罄率达89%。在运作能力上，通过仓储管理系统、工单管理系统、大数据服务平台等管理系统的不断升级，提高仓内工作效率，不断为客户提供更"快"的服务。

从结果来看，科捷物流与P公司和Y公司多年合作，2016—2021年，仅天猫"双11"阶段，波峰订单的增长率达409%。合作的P公司旗下品牌也从只有1个陆续扩展超过5个。2019—2021年，"双11"期间全链路发货时效压缩了28%，发货时效从5天提升至全部小于2天发货完毕。

为消费者提供更快捷的电商配送体验是品牌商的诉求，而为品牌商提供更快速的电商配送运营是Y公司的诉求，传导至科捷物流，就要通过一系列的举措，来为我们的客户实际上也是为终端消费者带来更快捷的配送。在这个链条上，"节约时间"是客户持续选择科捷物流最重要的原因，也是科捷物流的智慧供应链服务立足的金标准。

3. 实现企业发展与员工个人发展的融合与同频

企业有企业的发展规划，员工也有个人的职业发展规划，当两者统一时，员工与公司就能共同成长、互相成就、实现共赢。在这个过程中，时间管理发挥着巨大的作用。比如，神州数码制定了公司发展的详细战略规划，这些战略规划既有长期的，也有短期的，公司发展的每个阶段都有清晰的目标及实现该目标的路线图。如果员工能够结合自己的实际情况与公司发展目标，将个人的职业发展规划与公司战略目标匹配起来，就能实现企业发展与员工个人发展的融合与同频，使整个组织爆发出更大的价值。

从某种意义上来说，企业的竞争也是时间的竞争。如果一家企业管理不好时间，只用30%的时间与其他企业100%的时间来竞争，怎么可能取胜呢？那些能在市场竞争中站稳脚跟甚至成为领跑者的企业，一定是把时间管理做到极致的企业。这正是我尤为重视时间管理甚至将其视为企业文化的原因。

第二章

从管理的视角重新认识时间管理

时间管理，重在"管理"

既然时间管理如此重要，那么，究竟什么是时间管理？一提起时间管理，很多人会把视线聚焦于"时间"，但在我看来，时间管理的重点在于"管理"。

什么是管理？管理可以是一个动作，可以是一个过程；它是一种实践，也是一门科学；它是一种资源配置，也是一种意志贯彻；它包括了一系列手段，也涵盖了众多对象……在理论层面，管理是个复杂的事物。

尽管不一定符合词源理论，但我更愿意从英文单词"manage"来解读管理的本质。"man"和"age"组合起来就是管理，从这个角度来说，管理是人的成熟，而成熟是你对自己和对周围环境的把握能力，是管理对人的哲学性要求。要衡量一个人的管理水平和能力素质，就要看其成熟度。管理者的成熟度体现在市场、技术、营销、品牌运营、人力资源管理等不同的维度，通常与管理能力成正比。简单来说，一个管理者的成熟度高，意味着他拥有较强的管理能力。相反，则意味着他并不具备足够的管理水平。

做管理的目的，就是提高个人和组织的成熟度。而要实现这一目的，管理者需要通过计划、组织、协调、控制[①]等职能来协调他人的活动，这些职能就组成了管理四要素模型（见图 2-1）。

图 2-1 管理四要素模型

从管理的视角来看时间管理，我们会对其产生全新的认知：时间管理就是通过计划、组织、协调、控制等行为来对时间进行管理，调动团队中每个成员的积极性和效率，实现有效协同，提高团队的执行能力，从而更快、更好地实现组织的预期目标。

---

① 管理学界对此管理功能划分的模型有所分歧。法国古典组织理论的奠基人亨利·法约尔在其《工业管理与一般管理》中提到管理五要素：计划、组织、指挥、协调、控制；而美国管理学专家斯蒂芬·罗宾斯在《管理学》中认为管理包括四个要素：计划、组织、领导、控制。作者认为，领导与管理的概念是平行中带有交叉的，并非包含关系，而指挥的内容可涵盖在计划和协调中，无须单独提出，故此提出四要素模型。

在企业的实践中，管理是一个周而复始、不断循环的过程，计划、组织、协调、控制这四项基本职能是环环相扣、紧密相连的。接下来，我们就对这四个职能进行分别阐述。

计划是任务在时间上的分解

计划是管理的一项基本职能，整个管理过程都是由此而开始的。有了计划，管理者实施的其他管理职能才有了基础，企业中的各项活动也就有了指南。

在时间管理中，计划同样重要。任何一个企业想要获得更高的效率，都必须先进行计划，将时间分配给不同的任务，或者反过来说，把任务分配到不同的时间段里（这种分配类似于计算机网络中的 IP 分配），这能使企业中的每个人都清晰地了解到谁要做什么、什么时候、什么地点、怎么做才能达到目标。上司也能更好地了解下属为了完成工作目标要采取什么样的措施、有没有问题、需要怎样的支持和指导，从而对下属的工作进展和完成状况进行监督、控制，确保工作有序地进行，确保目标能够最终实现，避免混乱与无序。

当然，进行分配的前提是列出任务，正如彼得·德鲁克所说："有效的管理者并不是一开始就着手工作，他们往往会从时间安排上着手。他们并不以计划为起点，认识清楚自己的时间要用在什么地方才是起点。"列出任务，把要做什么先想清楚，时间分配才会更加合理有效。

在列好任务后，就要对任务进行重要紧急程度的划分，然后根据重要紧急程度，把任务安排到不同的时间序列上去。这时面临的计划难点，在于时间的有限性和多任务内容间的冲突。我们需要尽可能预知这样的冲突，并做好计划与协调。这样的安排往往不能做到尽善尽美，取舍就变成我们常常要面对的问题。

如何做计划能更好地实现对时间的有效利用是很多管理者非常关注的问题。有些人做计划，就是直接在日历里面填任务，我们不提倡这样的计划方式，为什么呢？因为我们做计划的时候，时间不是核心，任务是核心，而任务的前提是目标。如果只是按日历来计划，往往容易把重要的事情给忘了。如果先依据目标进行细节分析，把每件事情分解成任务，再考虑其他生产要素，比如资金、干系人、资源、时间花费等，将任务安排到合适的时间序列上，就能比较稳妥。所以，我们的周报系统设计，要求先列出目标，再分解任务，最后填入时间表里（见图 2-2）。

具体来说，计划应包括四个要点。

1. "做什么"

制订计划之前，首先要明确工作目标。继而，要列出为完成目标，需要在规定时间内应该完成哪些任务，以及达到什么样的要求，描述越具体、越明确越好。

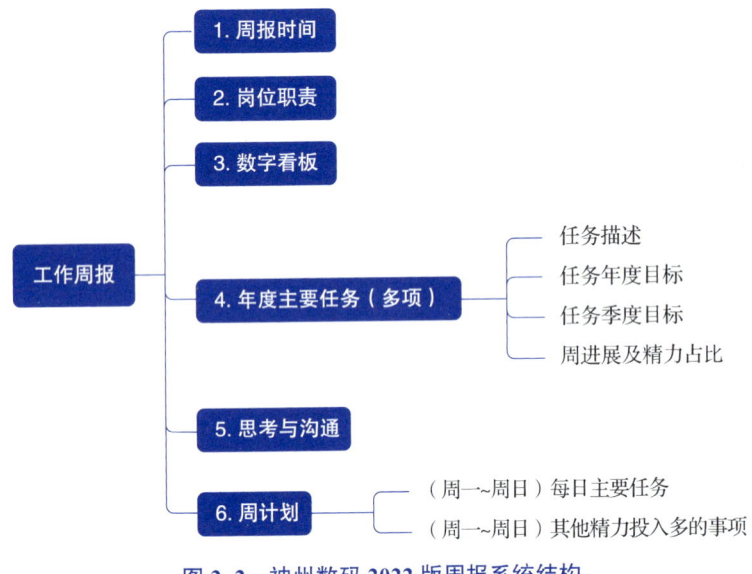

```
工作周报
├── 1. 周报时间
├── 2. 岗位职责
├── 3. 数字看板
├── 4. 年度主要任务（多项）
│   ├── 任务描述
│   ├── 任务年度目标
│   ├── 任务季度目标
│   └── 周进展及精力占比
├── 5. 思考与沟通
└── 6. 周计划
    ├── （周一~周日）每日主要任务
    └── （周一~周日）其他精力投入多的事项
```

图 2-2　神州数码 2022 版周报系统结构

2. "怎么做"

为了完成任务、实现目标，应该采取什么样的措施、策略？这些都应该在计划中写清楚，这是计划实现的保证。措施和策略主要指达到既定的目标需要采取什么手段，动员哪些力量，获取哪些资源，得到哪些人的帮助，创造什么条件，排除哪些困难等。总之，管理者应该根据客观条件，统筹安排，将"怎么做"一条条写出来，并确保切实可行，尤其是针对实现目标过程中可能会出现的问题，要在计划中提前拟订出解决方案。

3."谁来做"

计划的每一步由谁来负责是必须明确的一件事,要分工到位,确保每一项任务都有具体的人来给出承诺,具体实施并承担责任。这样,才能将任务真正落地,如果计划无法完成或者出现问题,也可以找到直接负责人加速纠偏。

当然,任务大多是由多个环节组成的,这些环节通常是互相交错的,所以,在制订计划的时候,必须从全局着眼,认真考虑哪些任务应该先做,哪些应该后做,哪些任务应该交给团队中最得力的人去做,哪些任务可以稍微放一放。

4."什么时间做"

计划的每一步都要列明时间期限,让有关部门和人员都清楚地了解自己应该在什么时间完成什么任务,如果拖延了,有什么样的负面影响。

下面,我们以神州信息[①]银行核心系统的交付计划管理为例,来看看科学有效的计划是如何制订出来的。

一个银行核心系统项目的交付要历经一年甚至更长的时间,涉及上百人的团队在一起工作,项目管理者管理的不仅是自己的任务和时间,还有项目组成员、第三

---

① 神州数码信息服务股份有限公司(股票代码 000555),简称神州信息。

方公司和银行业务、技术等数百人的任务和时间的匹配关系，计划的好坏会极大影响项目执行的结果。

从瀑布模型来看，银行核心系统项目定制开发和交付可以分成四大阶段：需求调研、设计开发、联调测试和试运行，涉及的大小任务有几千个，这些任务要用拉条子的方法列出来，还要找到重点的关键路径，将这些任务对应上时间计划，分配到人，并制订项目组织结构，组织大家有序地开展工作，计划在其中起着至关重要的作用。项目经理们如何做好计划，尤其是怎么拉条子找重点？

第一，计划的要点是任务分解。 任务分解虽然有方法论和工具，比如头脑风暴、专家法、思维导图等，但是到底分解到多细，分解的原则是什么，这个是有难度的，也是大部分人不能掌握的。

通常来看，要分解到任务不依赖、任务只需一个人执行、任务不能再分解、任务执行周期不要大于一天为好。任务分解的时候不要考虑多少、关系、对错这些，就是"简单粗暴"地罗列出来，等黔驴技穷、头痛欲裂的时候再去考虑归类、逻辑、对错，在这个过程中再增删改任务，而且也不是仅仅考虑跟软件工程、需求相关的事情，还应该把团队的衣食住行、采购、生病请假、离职入职等琐事都列出来，这些事情都会在项目过程中影响项目进度。

第二，任务分解完成后，就到了排时间计划这个环节。一般我们要求时间计划要按照软件工程生命周期阶段来分别列出计划开始时间、计划结束时间、预计开始时间、预计结束时间、实际开始时间、实际结束时间，还需要按照开始时间、结束时间计算出任务的时长，作为计算工作量、跟踪计划执行完工比等的依据。按照以上方法做出来的时间计划我们一般叫 Masterplan（主计划）。

在 Masterplan 里，阶段和时间在列，任务在行，是比较典型的甘特图[①]。这种排列的好处是我们能够清晰地看到每个任务的进展情况，每一个阶段的完成情况，整个项目的完工情况，每一个单独任务的进展情况，非常适合用来跟踪指导项目实施过程。

第三，要在时间计划的基础上做资源计划。每一个任务都要对应到一个责任人，有了任务执行周期和任务执行人数，就可以算出每一个任务的工作量，把所有任务的工作量加起来就是这个项目的总工作量，就得出了预算应该是多少人月、多少钱了。这样，根据计划的时间和人员就可以很快做出资源计划来，可以排出资源的进场时间、离场时间，每个人员的使用天数，也能看出

[①] 甘特图是一种项目管理视图工具，在第五章有展开说明。

资源是否有冲突，是否需要调整资源。

有了资源计划后还可以跟踪资源使用情况，出现资源使用偏差可以根据计划进行调整，也能通过记录资源实际使用情况，比对 Masterplan 中的任务计划和执行情况，这样就能很清晰地知道进度和资源投入是否匹配。

第四，有了 Masterplan、资源计划之后，还需要做高层计划、中层计划。高层计划是用来说明项目大的里程碑点和进度情况的，而且大部分使用场景是在高层领导汇报会上，所以一般情况下，高层计划我们不用表的形式来展现，而是用图的形式来表现。

中层计划是介于高层计划和 Masterplan 之间的，维度以组或者一个大的菜单项来归集，通常周期以月为单位，表现形式还是以表格的方式为主，目标是能够比较清楚地看到项目各个大阶段的执行情况。

第五，在项目执行过程中，每个组的组长需要做小组的底层计划。这要根据项目大的计划分解各自组组员每天的工作任务，把组员一周的工作任务汇总到一起。这个底层计划是用来管理每一个人的任务的，非常重要，正是项目组每一个人都能够按照计划执行，最后小河才能汇成大江，整个项目才能按时完成。

第六，我们要跟踪项目执行情况，这需要在 Masterplan 上填写项目实际执行的情况。要自动计算出各个阶段的完工比，要能看出项目执行的状况是正常还是延误，是进度比资源投入快，还是进度比资源投入慢，是要延期几个月上线，还是要超花多少钱，做到对项目的情况了如指掌。我们要在 Masterplan 上加上完工比、工作量、任务权重、重要程度、紧急程度等要素，最后形成 Masterplan 的状态，用以对项目进行总体把控。

在做计划时，很多人会陷入一些误区，比如，有些管理者总是希望计划越详细、越复杂越好，结果写了一大堆，反而把最关键的内容"淹没"了，下属一看到这个计划，就觉得"丈二和尚摸不着头脑"，根本看不清楚自己应该怎么做，又怎么可能做好呢？其实，计划越简单，才越容易执行。彼得·德鲁克的故事充分说明了这一点。

彼得·德鲁克年轻的时候曾经就职于伦敦一家银行，他写了一份重组计划给上司，上司看了一眼，然后说："好的，现在我们把路易叫来，让他来看看你的计划。"

德鲁克惊讶地说："路易是我们公司最年轻的记账员，他根本没有什么经验，你也知道，他的业绩是咱们公司最差的，你找他来看这份计划有什么意义？"

上司说："这正是我的用意。如果连路易都能非常轻松地理解你的计划，那我们就按照这个来执行吧。如果他觉得看不懂，那这个计划可能因为太困难而无法运作。我们在做每一件事情的时候，都得考虑'傻瓜'是否能理解——因为任何一项任务到最后总是要由一些'傻瓜'来完成的。"

再比如，有些管理者做的计划内容非常空洞，全是些口号，执行者看了之后，根本不知道从何入手，即使你一再催促，他们也懒于行动。其实，制订计划的时候，少说大口号，谁都不爱听空话。要尽量具体，直接告诉执行计划的人："你应该在什么时候什么地点做什么事，达到什么样的标准。"

组织是任务、责任、流程的分工体系

管理的第二个职能是组织。为什么要建立组织呢？因为**组织是以任务或者目标为核心建立的责任体系**。目标和工作任务只有落实到具体责任人的头上，才能产出最终的结果，否则，人人都负责，就等于人人都不负责，会带来组织目标的失控。

组织的责任体系建立，有简单组织和复杂组织两种情况。简单组织采取的是非常单一的工作分配，比如把同样的任务平均分配到各个人的头上，因此不太需要管理。我们所说的"承包制"，就是这样的简单组织模式。把可以用数字指标来衡量的任务分解到每个负责人的头上，要求定期完成这些数字指标，对负责人的激励也与这些数字指标的完成度直接挂钩。这样的管理是非常省心的，但是总体效率却不高。为什么呢？

因为增长来自高效，高效来自专业，专业来自长期专注，而专注需要分工。现代企业的一大标志，就是能够实现大规模的专业化分工。在汽车行业，亨利·福特率先在企业中使用生产流水线，对装配汽车的工作进行了拆解和分工，福特汽车公司由此获得迅猛增长，汽车行业的整体效率也因此获得了大幅跃迁，分工的价值得到了淋漓尽致的体现。其他行业也是同样的道理。分工加协作，才是我们所说的企业化组织，否则就只能称之为"小作坊"。

可能有人会说，我们也是有分工的，我们没有让写代码的人去做销售，也没有让搞财务的人去招聘，这不就是分工吗？的确，在企业中，研发、销售、财务、人力是不同的职能，工作很难兼顾，必须要有分工，这在职场中已经是一种共识，但如果继续往下拆解呢？

我们把营销的工作拆开来看，就会发现，具体的任务类别也是不同的，比如，感知行业发展趋势、获取商机、投标、融资以及追回款等不同的任务，需要的个人能力和团队技能有相当大的差异。如果让一个只擅长写标书的人去追回款，结果可想而知会是什么样的。

研发工作也是如此。定义产品功能、写代码以及就产品需求洽谈合作伙伴的工作，需要的核心能力是完全不一样的。在研发团队里，如果我们要求一个擅长按照固定需求写代码的开发人员对用户体验感要求很高的 2C 软件产品进行定义，结果一定不尽如人意。因为这两个任务看似都是"研发工作"的一部分，但需要的工作技能和底层能力是完全不同的。前者需要熟练的代码功力，而后者需要对用户需求有强大的体察，在绝大多数程序员身上，这两项能力是难以兼得的。

在业务开拓的早期，我们对新业务的工作流程可能没有清晰感知，因此难以建立分工和责任体系。在这个阶段，大家都会向着总体目标去努力，在粗略划分的各个分工之间，会有大量的交叉和模糊地带。这种情况是可以接受的，甚至是需要鼓励的。很多企业在创业初期采取"承包制"，走的就是这样的路子。但当业务慢慢走上正轨，管理者逐渐掌握了业务的规律，组织里却仍然需要大量员工身兼数职的话，就说明管理者偷了懒，没有建立明确的分工和责任体系。因为这样没办法实现大兵团作战，企业不可能获得大规模发展，也无法形成长期竞争能力。

一个好的管理者，不仅要产出业务结果，还要产出"组织"这个产品。 而组织这个产品，其核心就是明确流程、明确分工、明确责任、明确结构。这一系列的"明确"要如何落实呢？关键是要落实到每个具体的"关键岗位"。

在工作流程明确后，我们就能分析出哪些工作内容是重要的，需要设计什么样的岗位，匹配具有什么能力的人来完成这些工作任务。这就形成了我们对关键岗位的定义。定义好关键岗位后，找到符合关键能力的人，继而明确完成关键任务的激励政策，把合适的人放到合适的位置上，激励到位，业务系统就能正常运转起来。最终，组织就会以某种结构的方式来呈现，这个结构中的节点，有他们对应的责任体系。

因此，看一个人的管理工作有没有做好，要看他有没有把组织的责任体系和结构建立起来。

当然，"组织"这个产品的产出，不可能一蹴而就，是需要不断打磨的。我们在早期业务探索期，可以成立敏捷小组，探索初步的分工。伴随着业务的持续发展，以及外部形势的变化，组织不断进化、成长。比如福特汽车公司最早建立的是流水线，随着组织变大，又出现多个车间、工厂，构成大的办公室，甚至形成多个企业的联盟。在持续不断的变化与进化过程中，管理者需要始终坚持对"组织"这个产品的关注和不断打磨，而不是放任自流。

在组织发展的过程中，来自不同公司、不同组织文化的人会聚在一起，进行沟通、协同，矛盾和冲突由此产生，这时，就需要管理的第三个职能——协调发挥作用了。

协调让冲突消弭于无形

做决策是管理者主要的工作内容之一，在做决策时，我们经常会面临确定和不确定的问题。当面临不确定的情况时，只要涉及两个人或更多的人，就很可能会出现矛盾和冲突。解决这些矛盾与冲突，离不开管理者的协调。协调既包括企业内部的协调，也包括企业外部的协调，同时，管理者既要协调自己主导的事情，也要在自己参与的、别人主导的事情中承担一部分协调职责。

在前两部分我们探讨了管理的计划和组织职能是什么，谈及协调，我们也要思考一下：协调到底是什么？关于这一点，答案可谓五花八门，有人说，协调是组织内部的或是跨组织结构的资源匹配；也有人说，协调是为了满足和控制各方的利益需求、权责，以实现一个共同的目标；还有人说，协调是要在现有的结构和责任体系下，调动所有组织内的生产关系和生产力，从而达到最优结果。

这些回答都有道理，但都是从片面的角度来看待协调。我们看每个概念的时候，要想避免以偏概全的错误，一定要看它的本质及其关键点。**从本质上来看，协调就是为了达成一个目标而解决冲突的沟通行为。**

面向组织内部的时候，我们时常发现，协调往往来自没有规则和流程的地方，来自不确定的关系。因为事先没有讲清楚、没有达成共识，所以需要逐个细节地去协调、去谈判。这会耗费管理者的大量时间和精力，导致工作效率极低。要避免这种无谓的内耗，我们就要尽量把不确定的关系转变成确定的关系。

因此，协调真正要花心思的，是要不断优化职责体系、流程，明确各种关系，把不确定的问题解决在前面。在流程和责任体系上事先做好沟通，达成共识，比逐个细节地去解决单个冲突，要简单得多。遇到问题就按流程走，不仅管理者会更轻松，组织效率也更高。

在神州数码的代理分销业务发展的早期，集团对于新签约产品线管理比较宽松。这就容易存在一些发展不及预期的新产品线，难以收回早期的人员与资金投入，甚至产生积压库存，危及经营。

为此，集团开始严控新产品签约流程，在原有业务负责人审批外，又引入了风险管理部、财务部、业务发展部等多部门审批。这样，风险虽然得到了控制，但也带来了新问题：由于各部门关注点不同，业务负责人要把一件事情说四遍，过程中还可能有多次反复，导致签约流程可能拖到两个月，影响业务发展。

为了在效率与风险之间取得平衡，产品管理部启动了内部协调。

第一，联合业务线负责人、风险管理部、财务部、业务发展部等相关部门共同制定了新产品线引入的评审标准。

（1）与集团战略发展强相关的产品及技术，保证最低执行风险，宽松引入。

（2）若与集团战略发展协同性不强，必须同时满足以下四个条件，才同意引入：当年营收预期××万元以上，三年预期增长率超过集团平均值；测算毛利率、净利率不低于同类型业务平均值；投资回报率不低于××%；协议无明显不可承担风险性条款。

第二，组织成立了新产品立项评审委员会，进行多部门一站式联合评审，在资料完备、条件满足的情况下，评审时间可以压缩到1～2个小时。即使过程中被否决，但因为有明确的评审标准，项目发起人对于否决意见的接受度也比较高。

就这样，通过审核规则的制定和评审流程的重塑，新产品签约这件事情得到了妥善的管理，既提升了内部的决策效率，也兼顾了公司的经营风险。

除了组织内部的协调，我们经常还会面临跨组织的协调。这时，更多的就是要通过努力将两个组织的目标达成一致，达成共赢。"以客户为中心"并不是一句口号，而是企业安身立命的根本，因为只有"以客户为中心"，将企业的目标与客户的目标绑定在一起，为客户带来价值，企业的价值才能得到体现，才能获得利润。可以说，赚钱是果，不是因。

我们在协调的时候，经常会发现，之所以各方会有诉求上的冲突，是因为信息不对称，大家各自都有知识、信息、经验和能力上的局限性，以及各自的价值取向和多元化目标，往往都是在各自权责利范围内，寻找科学决策的有限理性决策[①]。所谓有限理性决策，是介于完全理性与非理性之间的决策，表现为：

- 无法寻找到全部备选方案；
- 无法完全预测全部备选方案的后果；
- 不具有一套明确的、完全一致的偏好体系，以使它能在多种多样的决策环境中选择最优的决策方案。

而协调所要做的事情，是通过多向沟通，尽可能让参与方不对称的信息对称起来，把他们受局限的视野打开，并促使各方追求共同的目标，使各方的有限理性决策统一为能够达成共识的、能够覆盖更大范围的有限理性决策。

神州数码集团[②]的中台组织调整就充分体现了这一点。

> 神州数码集团的分销业务，建立于海外IT品牌涌入中国的时候。作为众多海外品牌的中国区总代理商，神州

[①] 有限理性决策的概念由赫尔伯特·西蒙提出，也叫科学决策。西蒙是第一个提出把人工智能和决策科学结合在一起的人，也是诺贝尔经济学奖的获得者。西蒙学识渊博，研究领域广泛，是现今很多重要学术领域的创始人之一，其一生共获得了九个博士学位，是一个非常了不起的科学家。此外，他还是卡耐基梅隆工业管理研究生院的创始人之一。

[②] 神州数码集团股份有限公司（股票代码000034），以下简称神州数码集团。

数码自建立之初，就构建了以产品厂商为中心的组织结构，以事业部为独立经营主体，服务产品厂商，对接销售渠道。各事业部的运营策略，大多聚焦于相应厂商的战略，致力于协同厂商市场策略的营销落地。事业部为了实现独立经营，除了常规的销售人员外，也配备了不少承担商务辅助功能的职能人员。在早期，这样类似于"阿米巴"的经营管理理念，有利于团队业务聚焦，取得了很好的业绩表现。

但近年来，随着产品品类及厂商增多、市场竞争加剧，品类的横向扩张带来结构的增长，这样事业部制的组织结构遇到了极大的挑战，各事业部的职能人员供需分布不均、整体效能低下的问题日益突出。有些业绩下滑的部门，在应对成本管控压力时，会将一些优秀的职能人才裁掉，而非转入业务增长较快、对人员有需求的新事业部，造成了人力资源的极大浪费。2019年开始，为了应对上述问题，公司制定了组织变革的方案，筹备建立一个敏捷的中台体系，这个中台的人员构成，要以各事业部的职能人员为班底。通过把各事业部的职能人员整合，通过专业化分工，实现人员的能力复用，从而提高整个公司层面对前台业务的支撑效率。

组织变革的目标制定后，各种问题接踵而至：什么叫中台？为什么要做职能人员的整合？新的中台究竟能给各事业部带来什么？为什么要把事业部的助理都交给中台？把所有助理都放在一起，"信息安全"怎么办？上游厂商不乐意与其他品牌商共用助理怎么办？这么一大群人合在一起还不是"换汤不换药"呀？把我们助理整合在一起除了继续做商务支持，还能做些什么？中台整合人员有什么新的职责？中台的战略方向在哪里？

一时间，涉及变革的事业部产生了不小的氛围变化，怀疑、不信任、担心等各种情绪迅速弥漫，职能人员整合的工作困难重重，如果把难点和疑问归纳起来，主要体现在以下几个方面。

（1）员工对将各事业部的职能人员整合到中台的做法普遍不理解，甚至认为这是公司为了裁员而采取的动作，绝大多数人呈观望态度甚至散布负面情绪——这是"为什么"层面的问题。

（2）如此大范围的职能人员到底应该如何整合，如何能够在确保"事不掉地"的前提下，做好中台的建设？——这是"怎么做"层面的问题。

（3）职能人员整合与搭建中台到底存在什么关系，管理层对中台的理解和实现的路径不清晰，小范围内也没有达成共识——这是共识层面的问题。

（4）广大的职能基层员工彷徨，工作情绪不稳定，人员开始流失，加重了业务部门的怀疑和不理解——这是团队氛围的问题。

（5）如何给予新的中台职能人员新的职责定位，成为大家更加关注、突出的话题——这是组织管理的问题。

为了解决上述问题，打通从上至下的人员共识就至关重要。为此，公司启动了大范围的组织和协调沟通工作。

第一，总裁室成立职能人员整合工作小组，统筹中台职能人员整合计划，采取每月例会、双周会的方式，对重大事项集体共同决策。

第二，中台成立运营管理部，成立中台整合项目班子，同时启动中台流程简化项目组，围绕前端业务的痛点，争取在关键业务流程优化方面与各事业部达成共识（在敏感的人员整合之外，主动寻求与事业部协同合作的结合点）。

第三，从业绩有压力的事业部入手（由于业绩相对不错的部门主动拥抱变革的意愿不强），通过一对一与事业部总经理或运控总监沟通，从业务部门面临的"痛点"谈起，以经营计划沟通的形式、结合损益完成情况，针对费用支出结构分析，引导业务部门认同集团层面建立中台的"初心"，从而接受"共享商务"的想法或理念。

第四，除了从纵向业务部门寻求达成共识，开始着手从横向平台入手，选择摸底变革意愿强烈的平台[①]经理，探讨并评估区域平台人员整合的可行性。

---

① 在神州数码内部，"平台"是指以区域为单位的分支经营机构，如"上海平台""成都平台"。

第五，主动"走出去"，组织总部的总监班子成员，走到各地平台，与基层员工、一线销售在一起，直面问题，听取意见，打消顾虑；仅2019年下半年，班子成员就把全国平台走了一圈，同时要求总监干部和平台经理至少要花50%的时间与一线员工在一起，通过座谈研讨来听取意见。这项工作成为中台骨干的阶段性核心工作。

通过上述多轮、多维度的沟通、交流与磨合，事业部职能人员从组织结构上开始调整至中台，职能整合初步达成共识，组织协调工作初见成效。这就为后续的确立目标、制订路径、试点实施奠定了坚实的基础。这个变革过程中，也涌现成长出了一批有意愿、有能力的骨干，他们将来可以为集团转型工作承担更多的责任。

回顾这个组织变革落地的过程，能看到它涉及的人员广、目标多、复杂度高，既要提高整个公司职能人员的投入产出比，又要保证业务的持续平稳运行，还要为公司未来发展发掘优秀的人才，多项目标都要兼顾。在此期间，战略牵引、深入群众、小步试错、大胆改革，每一次变革背后都有着大量的协调工作，以保证相关人员的共识度。这也是此次变革能够成功的关键因素，值得借鉴。

协调的过程中需要做人的思想工作，这是一门艺术。在我看来，要做好协调，至少要做三次思想工作，第一次先聊聊对方的想法是什么;第二次谈谈自己的想法,看看对方的反应是什么;第三次对方才可能被说服。一开始就将人说服是很难的,这需要有一个过程。

在协调的过程中,我们必须意识到,做任何事情都要追求实事求是、追求真理。只有真理才能战胜一切,不是取决于谁声音大,也不是取决于谁最会引经据典,而是通过实践验证它是对的,大家才能达成一致。而在这个认识和实践的过程中,要放下脸面,通过批评与自我批评,通过民主化的方式,使大家共同来找到真理,并付诸实践。

控制的实现,离不开关键变量挖掘

管理是一种实践,其本质不在于知,而在于行。为了在行动中获得我们想要的目标,在行动中发现并解决问题,控制是不可忽视的一个环节。当我们在讲控制的时候,面向的不是具体的"人",也不是具体的某件"事",而是一个系统。

系统都有输入和输出两个状态,当我们对系统内部运作原理不熟悉的时候,只能看到我们向系统输入了条件 A,最终得到了结果 B,但系统内部是个黑盒,我们不知道从 A 到 B 是如何发生、如何演变的。换而言之,我们不知道系统的规律,就无法实现对结果 B 的预测和把控。很多管理过程,希望达到的目的是实现结果可控,但如果定了目标,结果却不可控，不管目标有没有实现，管理都是失效的。

要想获得企业管理中的可控，核心是要实现"通过改变 A 的输入，得到想要的输出 B"。这如何才能实现呢？控制论给出了一个朴素的逻辑：我们需要找到系统中的控制变量，通过对控制变量进行调整变换，使系统的输出达到我们的预期。这个对于控制变量不断发现、检查、调整、校验、再调整的循环过程，是把系统运作机制逐渐从未知变为已知的过程，也是管理的事务不断变得清晰的过程。

我们在日常管理的过程中，需要经常反思：是不是做到了真正的控制？有没有发现并把控关键的变量？对于结果和目标是能够做到心中有数，还是只能期待好运气的发生？我们做的工作，不论是财务报表的输出，帮新业务单元申请资质，还是做项目管理，都是要通过寻找其中的控制变量，来实现对结果的控制。

我们对某项事务的管理，就好比在计算机程序语言中跑的一个循环，输出状态经过检验，"YES"的话进入下一流程，"NO"的话返回重来。有效的控制是要在检验为"NO"之后，调整输入的控制变量，让程序运行的结果达到"YES"。

程序运行需要时间，企业完成任务也需要时间，目标达成也有时间的限制，所以我们对控制变量的调整需要更加精准、更加高效。与此同时，从单一目标转向多目标的时候，涉及的影响因素更多，对控制变量的发现和调整就会变得更复杂，这会极大地超出我们人脑储存信息的极限。上述问题，要求我们的管理从经验主义走向数据驱动。

神州数码在数据驱动方面进行了很多探索与实践，或许可以为管理者提供一些借鉴。

2019年，在实施中台战略后，神州数码开始对各个事业部的运营管理人员进行统一管理。这时，我们发现，各层级、各部门的数据分析工作存在不小的问题，如重复数据处理、手工处理数据频繁出错、数据口径不一致等，运营管理效率因此受到了严重影响。同时，数据分析中存在大量个性化的数据处理和分析工作，这些工作原先大多由散落在各事业部的运营人员完成，分析方法和呈现方式各不相同，文件也没有统一存储，这就使工作中的大量数据资产随着人员的流动而流失，没有形成公司数据资产的积累。

为了提升公司整体的运营管理效率，中台的"数据可视化"项目上马了。我们希望通过可视化的工具，把运营管理需要的数据进行统一的处理和呈现，实现口径一致，减少人工干预，并能够实时展示。项目团队早期由经营管理部两位成员与IT部门的BI[①]团队共同组成。

---

① 商业智能（Business Intelligence，BI），又称商务智能，指用现代数据仓库技术、在线分析处理技术、数据挖掘和资料展现技术进行资料分析以实现商业价值。商业智能的概念经由Howard Dresner（1989年）的通俗化而被人们广泛了解。当时将商业智能定义为一类由数据仓库（或信息市集）、查询报表、资料分析、数据挖掘、资料备份和恢复等部分组成的以帮助企业决策为目的的技术及其应用。

经过一年的实施，到2019年年底，项目小有所成，业务经营数据基本实现各个维度的系统化展示，系统实现了如下功能。

分层：一套报表通过权限分配可供各个层级和部门的人员查看。

实时、动态：数据直接对接数据仓库和ERP系统，实时、动态展示结果，不需要再等待分析人员处理。

汇聚：所有类别的报告汇集在一个平台，不再需要打开多个报表或文件。

定制：业务分析人员可以按照自己的需求，向项目组提出可视化的定制需求，定制适合自己业务管理方式的报表。

这之后，又经过一年的系统运营，到2020年年底，可视化系统吸引了数百位运营管理人员成为活跃用户。

2021年年初，随着整个产业界将"数字化转型"提升到前所未有的高度，公司也意识到，数据驱动的运营转型势在必行。于是，"数据可视化"项目组升级成为数据运营部，开始以更专业化的方式承接公司数字中台的数据相关工作。

用BI系统呈现数据分析结果和可视化看板，最终支撑用户的业务决策，是数据可视化建设的最终目标；为了实现这样的目标，一方面需要数据运营团队能够提供清洁、准确、全面的数据源，确保呈现在用户面前的数据的含金量；另一方面需要不断地挖掘用户的需求，从传统的管理报表呈现转向支持决策场景的描绘和数据建模。在项目推进的过程中，遇到了不少的困难。其中最主要的是以下几个。

（1）思维问题：经验主义思维惯性仍然存在，对数据驱动的工作方式不了解、不接纳。

（2）数据问题：现有数据的质和量均不满足系统的需求。

（3）人才问题：中台经营分析团队的人员组成和精力分配还较为传统，对系统化数据分析的工作投入度和胜任度均不佳。

（4）机制问题：数据驱动的运营工作，属于工作习惯和模式的替换范畴，难以界定具体的工作成果，导致工作不易推进。

为了解决上述问题，数据运营团队通过战略牵引、人才引进、坚持以"用户为中心"、开发与运营并重等方式，积极开展了数据可视化系统的一系列工作。

用户深度参与：从一项系统内容的调研开始，用户就深度参与内容的开发设计，数据运营团队通过定期的小视频和培训会为用户同步最新的系统内容，内容上线后通过定期搜集用户反馈的方式，及时进行内容的调整和迭代。

从做加法到做减法：系统建设初期，为鼓励大家的使用习惯养成和兴趣的建立，对大家的需求采取全盘接收的方式，不断加载内容。但当可呈现的内容做到一定阶段后，开始出现大量重复、低价值的开发，造成了系统的负担和开发资源的浪费，数据运营团队开始转变思路，从做加法到做减法，主动缩减项目内容开发的排期，对个性化的需求做深度的梳理和引导，对每一项上线的内容做到严格把关质量，不再一味追求大而全。

启动数据治理工作：当可视化的内容不断拓展到除经营数据外的商机、合同、流程等更多元的数据范畴后，数据源的质量问题也越来越突出，无法提供准确、清洁的数据对业务决策带来的可能是伤害，而非价值。所以，主数据治理的工作也被提上日程，数据运营团队又对自己提出了更高的挑战。

经过一年的努力，到 2021 年年底，系统注册用户基本覆盖了系统可覆盖的全部人员，其中活跃用户占比近 50%。

经过两年多的实践，越来越多的人养成了可视化系统的使用习惯，每天登录、使用系统已经成为大家日常工作的重要组成部分。运营人员手工处理数据的工作越来越少，在日常的工作和例会中，数据分析和经营汇报可以直接从系统中导出相关数据,甚至直接打开系统完成一次沟通或汇报。系统对用户的个性化需求关注度也越来越高,除了各个部门和专业维度的数据分析,基于不同的角色也为大家定制了个性化的看板,无论是事业部负责人,还是最基层的销售人员,均可以通过系统来实时查看自己相关的业务完成情况。

数据驱动运营转型的工作,经营分析管理只是其中的一个切面,面向前、中、后台各个业务部门,通过业务触点的数字化、业务的在线化、数据的可视化,对整个业务价值链进行数字化的变革,都可以做数据可视化和决策支持。无论是业务负责人、产品操盘手、销售团队,还是市场及营销团队,又或者人力及财务等各个专业模块,借助数据的力量,都可以实现更高效的管理和决策,并因此受益。

数据驱动运营的本质在于支撑决策,最终达到提升效率、降低成本和促进增长的目的。我们在日常工作中,可以看到大量的决策场景是因人而异的。其实,不同的人做出不同的决策主要是受两方面因素的影响,一是输入的背景信息不同,二是决策原则不同。背景信息数据的多寡、质量好坏,会影响决策;不同的决策原则也会影响具体的决策选择。

我们希望能够用数据驱动运营,实质上是想做两件事情。

一是把影响决策的背景数据信息进行统一，统一标准、统一口径，让相关决策者都能够获取质量最高的数据。二是希望通过长期的业务流程跟踪，把优秀的决策原则筛选出来，沉淀为系统算法和模型。通过这两方面的努力，主要靠人的经验来进行决策的工作就分为两部分，一部分简单可重复的，由算法执行；另一部分较复杂的，通过数据和业务流程的跟踪，实现管理者对决策的可量化、可追踪、可校准、可调优。

不可否认，在很多较为成熟的业务领域，经验主义仍然是非常经济的选项，但当整个行业的巨变已是大势所趋，需要做跨领域的业务决策时，我希望数据驱动成为管理者能用得上也觉得顺手的好工具。

第三章

用对方法，
时间管理事半功倍

善用有效的时间管理工具

在从管理的视角重新认识时间管理后,对于"如何做好时间管理"这个问题,我相信一定有越来越多的人迫切希望得到答案。其实,时间管理并不难,关键在善于利用有效的时间管理方法和工具,正如古人所启示的"工欲善其事,必先利其器"。

好的时间管理方法和工具能帮助我们提高判断的准确性及决策的效率。此时,很多人心中可能会困惑不已:时间管理与决策有什么关系?其实,这两者之间有着千丝万缕的内在关联。

企业所面临的内外部环境充满不确定性,作为管理者经常需要对此做出决策。准确判断意味着管理者对企业自身、外部环境或竞争对手的状况有较好的认识,从而做出明智选择或决策。

如果我们看一下 MBA 管理课程,可以发现工商管理教育模式大多是这样的:先让管理者建立信心,相信本能直觉,能够在瞬间做出精确评判,再通过大量案例研究和其他实例来训练管理者进行判断。

然而,大量研究却发现,人类的判断往往并不准确,而且,人类对自己不准确的判断往往缺乏清醒的认识。所以,在企业中，管理者过度自信、高估自身决策能力的现象并不罕见。麻省理工学院科学家安德鲁·麦卡菲（Andrew McAfee）说："人类相信直觉有合理性，但直觉也确实常常让人类出错。我们正处在第二个机器时代，这个时代有一条简明法则——随着数据量的增长，人类判断的重要性应当降低。"

这种判断的不准确性在企业中也经常出现，比如，在神州数码，一些管理者和员工虽然学习了很多时间管理方法，却没有在实际工作中应用。有人说，他已经把重要的事情列出来了，就没有必要再列不重要的事情了；有人说，虽然没有用这个工具，但他的思维方式里是用了这个方法的。他们更愿意相信自己的判断，而不愿意相信科学的方法。

因此，管理者不要简单地相信自己的判断。自信是好事，但过度自信会带来一定的负面结果。在影响管理者做正确判断和决定的诸多因素中，实践经验、思维方式是重要内因，决策的难度和复杂程度则是外因。对一项工作，判定其内容、难易程度看似简单，但如果不经过慎重思考，结果也可能会出错。

而利用时间管理方法和工具对我们所获得的信息、数据按照轻重缓急来进行排序、梳理，使我们对当下所面对的情况进行深入思考，在这个过程中，我们会发现，"以为"和"实际"是存在偏差的，对自己的工作也会有更清晰、更深刻的理解，基于此做出的判断和决策也就更加合理、准确。

不过，时间管理的方法和工具可谓五花八门，究竟哪些才是高效可执行的？其实，正确的东西往往万变不离其宗，太过花哨的方法或者没有太多用途，或者难以坚持。

以下是我推荐大家长期坚持去做的七项时间管理基本功。

- 拉条子（把事情都列出来）。
- 找重点（在列出事项里找出重要内容）。
- 填四象限（在轻重维度上加上缓急维度，成为二维表，把事项归类）。
- 列日程表（在时间维度上统筹所有事项）。
- 写周报（对一周工作进行梳理总结，确保重点突出）。
- 做授权（将结果可控的事务交给下属）。
- 做总结（定期回顾反思，及时进行复盘）。

一定要学会"拉条子"

2001年，刚刚成立没多久的神州数码举办第一次上市路演，当时的日程非常紧凑，就连吃饭、上厕所的时间都需要严格控制。就在这时，有一位基金经理却突然向我提出了两个非常苛刻的要求：一是把现场负责对接介绍的投行人员赶走，由我方和他们直接谈，因为我们双方的合作与投行没有实质关系；二是把前期准备的大量材料全部扔掉，因为事先有所准备的情况下难辨真假，脱稿陈述才有信服度。

面对这种棘手的情况，如何才能说服投资人，获得他们的信任和认可？是"拉条子"的习惯帮了我们一把。我让同事们找来一个白板，一边演讲一边拉条目，投资人立刻被打动了，后来有人告诉我，正是这个小小的习惯，让他意识到这将是一次非常实际、非常系统的合作。

"拉条子"是一种非常基础而又有效的时间管理工具，简单来说，就是把自己的观点罗列出来。

不要小看这个把想法书面化的过程。很多人觉得自己头脑中有非常多的内容，但实际上却没意识到这些内容是一团乱麻。通过"拉条子"，能够让自己脑子里的内容逐渐清晰化、结构化。所以，"拉条子"的第一个功能是帮助我们厘清思路。

"拉条子"的第二个功能是达成共识。团队中的交流与一对一交流是两个不同的概念。擅长一对一交流的管理者，不一定擅长团队交流。神州数码高层领导在研究某项工作或制定某项政策时，经常把团队成员叫在一起，让每个人说出五项重点工作，然后列出来。

在列的过程中，成员往往会发现每个人对其他人的工作甚至对自己的工作都只是有一个想当然的想法，没有清晰认识。"拉条子"就是一个清晰化的过程，认清自己和别人到底在怎么想这个问题。拉出"条子"，大家讨论，完善"条子"，最终形成共识，这就是一个团队建设的过程。

"拉条子"还有一个功能，是能极大地提高时间利用率。把每一周、每一月所有需要做的事情都罗列出来，放在接下来要讲的"四象限"中,看一看哪些事情应该去做,哪些不应该去做,或者哪些应该继续去做,时间利用效率就能大幅提高。

说到这里,或许很多人仍然对如何"拉条子"有所疑惑,下面我们来看看神州信息某子公司是如何通过"拉条子"的方式来推进实习生引进管理的,通过这个案例,大家可以更直观地了解到"拉条子"的操作流程。

神州信息旗下的一个子公司有引进实习生进行技术团队储备的传统,2021年第一季度,团队面临业务和新冠疫情的双重挑战,引进实习生的工作也受到了极大影响。为此,分管人力资源的负责人召开了一次讨论会,各部门则通过"拉条子"的方式罗列出各自认为需重点解决的问题。

(1)今年能够给实习生创造哪些岗位实习机会,在什么时间点引进?——服务交付部

(2)当前市场环境下实习生来源是否越多越好?——业务部门

(3)目前校企合作院校如何更深入开展?——人力资源部

(4)如何能更好地留住2021届的优秀实习生?——业务部门

(5)2021年实习生的管带方案是否需要迭代升级?——业务部门、人力资源部

（6）应对项目工程冲量期，实习生技能水平如何提升？——业务部门、服务交付部

（7）实习生的薪资待遇提升的改进方案。——业务部门、人力资源部

（8）研发基地与业务单元自招的实习生如何合理分配？——研发基地

（9）如何能加快实习生对行业和企业的认知，促进实习生稳定？——人力资源部

（10）任用实习生如何保障业务合规？——产品线

（11）各业务单元工作如何协同开展校企合作，如何给实习生做岗前赋能？——服务交付部、人力资源部、业务部门

（12）对应业务单元实习生的KPI指标是否需要修订？——业务部门、人力资源部

（13）实习生工作如何确定阶段性验收成果？——业务部门、人力资源部

通过这次开放式的交流会议，业务部门与支撑部门以"拉条子"的形式对目前实习生推进过程中遇到的问题进行了复盘，并把这些问题与"四象限"的方法论相结合，梳理出问题的优先级，最终确定了两件当年需重点改进的事项作为解决实习生引进难题的切入口。

（1）实习生引入的来源——解决目前校企合作多而

杂的问题。

（2）实习生的赋能培训——培训赋能要与当年工程高峰相匹配。

日常工作中，如果所有团队都用这样的方法达成共识，比如确定如何将重点工作分解到每一年、每一季度，或者确定团队发展方向，相比于直接指派任务，团队成员一定更容易接受，相应执行的效果也会更好。

为什么会这样？因为在大多数情况下，一个人只有发自内心地认可某件事情，才能做好这件事情。就像牛顿钻研物理常常废寝忘食，贝多芬一弹起钢琴就会忘我，只有当某件事情是发自内心愿意去做时，人们才有想象力、创造力，才能长久坚持。在团队的建设过程当中，不断"拉条子"，取得共识，就是为了让成员不断认可。

为了做好"拉条子"，我们可以采用一些简单有效的工具，比如脑图（见图3-1）。脑图也叫思维导图、概念地图、树状图等，之所以叫脑图，是因为它的制作过程模拟了人脑的思维过程。人的思维模式是发散式的，能够从一个关键词联想到其他词和概念，不断生发出相关内容。脑图的形成过程，也是这样依据中心主题不断发散的过程。通过线条把相关的概念和想法列出来，并按照一定的隶属或层级关系表示出来，我们对中心主题的理解就会越来越丰满。

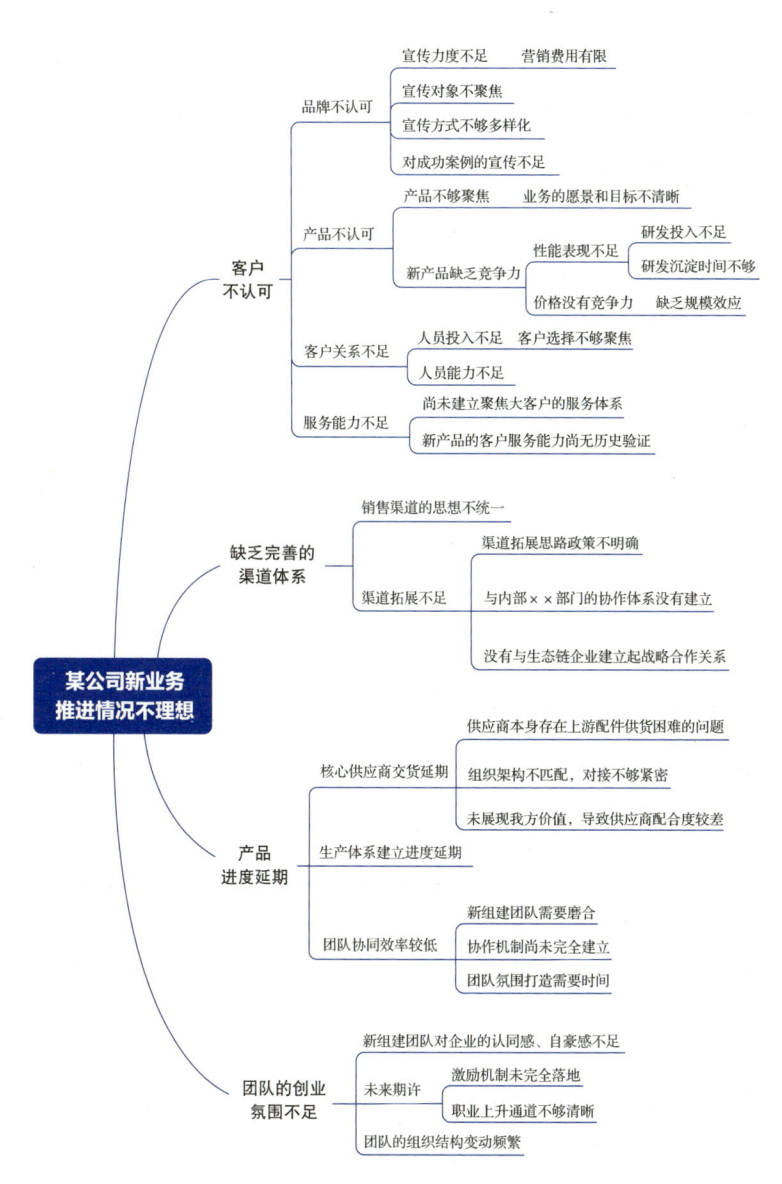

第三章 用对方法，时间管理事半功倍

图 3-1 某业务阶段性讨论会"拉条子"脑图示例

脑图可以直接在白板或纸上画出来，也可以用软件来画，现在有非常多的思维导图软件可供我们使用。除了画出思维导图，还可以导出为图片或 PDF 格式，以供存档和交流。我们在工作中，可以依据场景来使用。

如今，"拉条子"已不只是我的习惯，更是所有神州数码人的习惯。在神州数码的办公楼，每个会议室都挂着一张玻璃白板，白板占了整整一面墙，旁边放着笔和板擦。之所以这样装修，正是为了开会的团队能够不断"拉条子"，及时形成共识，不做无谓的时间浪费。每个会议室的白板上都写满了文字和各种示意图，在我看来，这远比装饰画更有美感。

在 2018 年年底神州数码云工作小组制订 2019 年的云工作计划时，讨论到云解决方案的培育问题，大家就是在白板上逐一列出神州数码所有的解决方案，哪些是在实验室过程中的，哪些是已经有客户案例落地的，哪些是与未来技术发展方向更为契合的……先有针对性地发散，大家一起头脑风暴，同时"拉条子"，然后按照不同的维度和实际情况去"合并同类项"，很快就形成了可执行的规则和计划，甚至明确责任和分工。

事实上，不止解决方案，神州数码的很多想法思路，都是通过这样的方式，一点一点地清晰、丰满起来，并找到方法、思路，以及在过程中达成共识的。

找到最重要的 20%

掌握了"拉条子"之后，就进入了时间管理的第二步——确定每个"条子"的重要程度。在绝大多数情况下，最重要的"条子"应该不会超过总数的 20%，这背后运行着一则重要的管理学定律——二八法则。

无论是在生活中还是在工作中，我们都会看到有些人每天马不停蹄地做着各种各样的事情，看起来他们似乎很能干，然而，到最后我们会发现，这些人实际上并没有做成什么事。与这相反的是，一些看上去好像并不那么聪明的人却因为很专注、只知道用心做好一件事而做出了很大的成就。为什么会出现这种现象？其实，这正是因为他们像订书针一样，专注做好最重要的事，不犹豫、不动摇，努力到底。

生活中，我们经常会用到订书机，几十、几百张纸摞在一起，就算是最锋利的刀也很难一下子穿过去，但看上去毫不起眼的订书针却能在一瞬间把它们牢牢地钉在一起。原因就在于，订书针把自己的全部力量都汇聚到了两个点上。

这就是二八法则告诉我们的道理：要把时间和精力集中在少数事情上，才能创造最大的价值。

二八法则最早是 19 世纪末由意大利经济学家及社会学家帕累托提出来的，也叫 80/20 法则、帕累托定律、最省力法则、不平衡原则、犹太法则、马特莱法则等。他指出：在任何特定群体中，重要的因子通常只占少数，而不重要的因子则占多数，因此只要能控制具有重要性的少数因子即能控制全局。

1897年，帕累托对英国人的财富和收益模式产生了极大的兴趣，并对其进行了一年的研究。经过认真仔细地观察和调查，他发现了一个现象：社会上大部分的财富掌握在少数人的手里。不仅如此，某一个族群占总人口数的百分比和他们所享有的总收入之间有一种微妙的关系。最终，他得出了一个结论：社会上20%的人占有80%的社会财富，也就是说，财富在人口中的分配是不平衡的。

到1941年，一位叫约瑟夫·朱兰的管理顾问将帕累托的研究成果应用于质量问题，发现二八法则确实普遍存在，他发现80%的质量问题是由20%的事件引起的，朱兰称这样的现象为"重要的少数与琐碎的多数"，也称帕累托定律或者二八法则。

对于二八法则，经济学上有多种解释，其中最引人关注的有三种：一是20%的富人拥有世界上80%的财富，而其余80%的人却要分享20%的财富。二是工作中所获得80%的成果来自20%的付出，而80%的付出只换来20%的成果。三是80%的利润来自20%的重要客户，其余20%的利润则来自80%的普通客户。占多数的80%只能造成少许的影响，而占少数的20%却造成主要的、重大的影响。所以，我们最应该把握的是"关键的少数"。比如，要设计一张产品宣传图册，最重要的是写清楚产品名称、价格、规格以及联系方式等关键信息，这些信息在一本图册中，或许只占很小的篇幅，但是起到的作用却很大。如果这些信息不清晰，那么你的图片拍得再精美，别人也不知道这是什么，应该怎么购买。

在进行时间管理时，也应遵循同样的原理——我们应该集中 80% 的时间，来做 20% 的核心工作。同样，只需集中处理工作中占比很小的 20% 的工作，就可解决 80% 的问题。这 20% 的工作做好了，对工作效率的提升，有可能比其他的 80% 的工作还要大。反过来，这 20% 的工作如果没做好、出错了，带来的后果也比其他事情做错要严重得多。传统文化中也有类似观点，《大学》曰："物有本末，事有终始，知所先后，则近道矣。"用现代话翻译过来，就是说"要事优先"。

在工作中，要事优先很重要，无论你做什么，都要先找到最重要的 20% 工作，这才能使你事半功倍。

我的一位下属，前不久刚刚提升为事业部总经理，事情非常繁杂。刚开始的时候，他每天都忙得焦头烂额，有一次，他一见到我，就连连摇头："我浪费了很多时间，结果什么也没做好。"

我告诉他：你的根本问题在于没有把时间花在刀刃上。我让他回答几个问题。

（1）你知道你的工作中，最重要的事是什么吗？

（2）你的大部分时间花在了哪里？

（3）做哪些事情更能出效果？

他用了一整天的时间来思考自己的工作，他意识到，对一个管理者来说，最重要的目标是建立并维护好良好的管理体系，他的很多工作，都是为这个目标服务的。他把自己的工作分了一下类，决定哪些可以授权给别人做，哪些必须由自己亲自做。对那些必须亲自处理的工作，他又区分出了先后顺序。这样一来，他就能把自己的大部分时间，都集中投入构建体系这个核心工作上。这使他能够集中去做一项工作，当其他地方出现问题的时候，会有其他人解决，不必占用他的时间。

按照这个方法实施了一段时间以后，他的工作效率提高了很多。

当然，剩下80%的事情并非不重要，理想状态下，人们当然希望能够完美处理所有事情。但在现实中，人每天的精力是有限且不断衰减的，所以将主要精力放在处理20%的较为重要的事情上，"要事优先"是不得不采取的一个折中方案。

每人每天都会被来自工作和生活中的各种事务包围，处理绝大部分事物需要动用意志力。按照"自我损耗"理论，每处理一次事务，人的精力和执行力都会下降一点。当杂事很多时，那些真正需要大量精力来处理的重要事务会被淹没。于是就会发现自己像救火队员一样，虽然整日忙个不停，但总忙不到关键点上。

所以，时间管理中的二八法则，意味着人不是要想尽办法尽可能地做更多的事情，而是给自己设置限制，让自己专注于最重要的事情。正如管理学大家彼得·德鲁克曾说过："卓有成效如果有什么秘诀的话，那就是善于集中精力。卓有成效的管理者总是把重要的事情放在前面做（first things first），而且一次只做好一件事（do one thing at a time）。"

在实际工作中，不断提炼"什么是重要的20%"的判断原则，是管理者非常重要的功课。

一般而言，有如下判断准则：

- 公司战略落地的重点事项；
- 能够给业务带来重大回报的事项；
- 有重大风险的事项；
- 有复利效应的事项；
- 有杠杆效用的事项。

上述判断原则，颗粒度相对比较粗。实际上，在业务推进过程中，由于业务性质的差别，重点工作会有很大区分。特别是针对具体的业务，要结合行业、专业和技术三个方面的判断，才能做出合理的评估，不可一概而论。

用四象限区分轻重缓急

在二八法则的基础上,我们还需要应用一个非常重要的、更进一步的工具——四象限法。

四象限法是由美国管理学家科维提出的一种时间管理理论,是专门对时间进行管理的方法。四象限法把事情按照"重要性"和"紧急性"两个标准来进行排序,以重要性为竖坐标轴,以紧急性为横坐标轴,形成四个象限(见图3-2)。

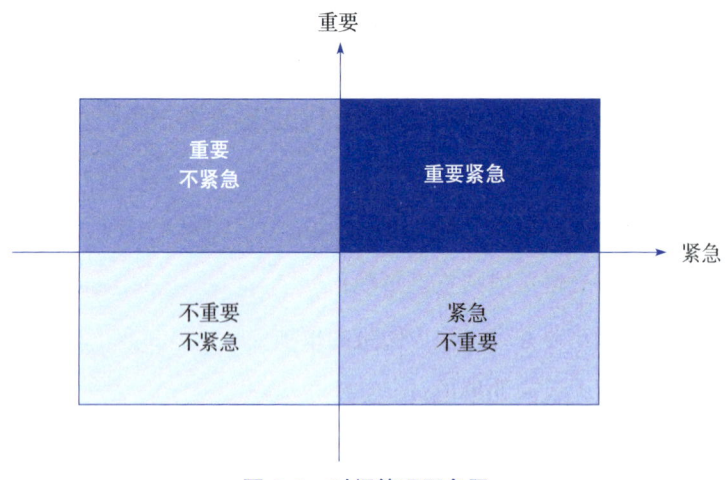

图 3-2 时间管理四象限

- 第一象限:重要紧急的事情,比如重要客户拜访、项目交付节点出现风险、系统出了故障、交货遇阻等。
- 第二象限:重要不紧急的事情,比如战略规划、技术预研、人才培养、知识管理等。

- 第三象限：紧急不重要的事情，比如回复邮件、审批常规业务流程、工作例会、接打电话、接见突然拜访的客人等。
- 第四象限：不重要不紧急的事情，比如无价值的应酬、与自己无关的会议等。

显然，为了实现生命价值，人更应该将精力集中在"重要的事情"上，少做或者不做"不重要的事情"。

但是，到底哪些事情是重要的，哪些事情是紧急的？如何科学、合理地对事情的重要、紧急程度进行判断，对少数人来说可能是天赋，但对绝大多数人来说，则是一项需要后天学习和锻炼的技能。我们经常看到两类人：在同样的岗位和工作压力条件下，有的人案牍繁重，每天都埋头苦干，加班到很晚，但似乎总也做不完例行的工作；而有的人则看起来轻轻松松，就把事情都办完了。究其根源，两类人工作能力之外的重要差别是时间管理方法的不同。第一类人虽然有做"拉条子"的事先准备，To Do List 做了一张又一张，贴满了办公桌，但是计划中的工作没有分清楚轻重缓急，或者说没有合理地把工作任务放到对应四象限中，进而导致对时间资源分配的判断失误，忙得晕头转向。

因此，管理者需要学习和锻炼的一个重要技能是：提高对工作的紧急性、重要性的判定准确度。

在时间管理的实际应用中，学会分辨一件事情是"真的重要"还是"显得重要"，是"真的紧急"还是"显得紧急"

非常重要。判断任务是否重要，主要依赖于这个任务与实现目标的相关度如何，无论是短期目标还是长期目标，于目标有益的事情，就是重要的事情。而判断任务是否紧急，相对就没有那么容易了，因为大家总是倾向于觉得很多事情是紧急的，但实际上，真正紧急的任务并不多。很多时候，把事情放一放，就会发现它并没有那么紧急。

判断事情的重要紧急程度，可以在事前进行分析，还可以用逆向思维去看，这个方法对个人和团队来说都一样。比如团队遇到了非常大的困难，或者非常难解决的事情，我们用"拉条子"把事情罗列出来，好像事情都挺重要的。这个时候就可以让事情继续发展着，然后再分析，看哪些事情可以不做，或者事情推动过程中发现它产生的效果非常低，我们就考虑把它放掉，或者先搁置。

很多人的手机上会安装统计 App 用时的软件，能清晰地知道自己在哪个地方花的时间特别多，比如我们常常在视频软件上浪费大量的时间。如果把它卸载掉，这个时间就省出来了。对团队而言也是这样，团队在推进项目的时候，有些东西想不清楚，就把事情罗列出来往前走一走，然后大家一起回过来看看，哪些事情是做得挺多但是没有效用的，就可以把它剔除掉，剔除得多了，慢慢就能找到最重要的事情了。将事情准确地分配到四象限中后，就可以有计划地分配时间来做这些事。

在使用时间管理四象限时，还有一个难点在于如何处理"重要紧急的事情"和"重要不紧急的事情"。

事实上，大多数情况下，很多人在忙于处理"重要紧急的事情"。我在公司内部进行时间管理培训时曾对学员进行过调查，有90%的学员表示自己的工作计划经常被临时的事情打断。遇到重要紧急的事情，不处理就会误事，只能暂时放下手中的事情。一天工作结束后，常常感觉自己就和消防队员一样，到处"救火"。

立即处理"重要紧急的事情"无可指责，但有一个问题值得思考：经常处理"重要紧急的事情"意味着什么？会带来什么后果？

大多数公司管理者最不愿意处理的，就是突然被下属汇报一个以前从来没听过的重要事情，还需要马上做出决断。因为任何人做一件新事情，在完全没有准备的情况下，就算能力再强，失败的可能性也非常大。就算一次侥幸没出错，早晚有一天一定会出纰漏。一个人总是在处理"重要紧急的事情"，就跟运动员在不停歇地练他的核心肌肉群一样，是会导致肌腱拉伤的。而且忙的时候，人会变得爱发脾气，容易焦虑。心态出了问题，更提高了犯错误的概率。

紧急意味着思考时间的减少，在把整件事情想清楚、想明白之前，却急着要做判断、做决策，这时就有很大概率出现判断和决策失误。

反之，对于一件重要的事情，如果能够预先留出充足的时间想清楚、想明白，甚至与相关人等进行讨论，获取充分的信息，再做决策和行动的时候，就有更大的概率能够成功。

因此，对时间管理的精髓，一方面，是要遵循二八法则，把时间花在重要的20%的事情上面；另一方面，是要尽量减少"重要且紧急的事情"，把重要的事情在"不紧急"的情况下就处理掉。

2022年，新冠疫情出现多轮反扑，给公司的经营管理带来了不小的挑战。神州数码集团的财务、中台以及人力资源部作为保障管理中枢，需要在保护员工个人身心健康、符合国家管控措施的前提下，保障公司基本运营不受疫情影响，协助业务平稳渡过难关。

为了应对疫情带来的不确定风险，公司制订了多项应急处置预案，将面对疫情时可能带来的紧急问题，提前进行了部署，使可能出现的"重要紧急"事项，变成了"重要不紧急"的事项。

为保障员工正常工作，鼓励大家每日携带电脑，预防可能出现的临时性封控；并提倡大家通过在线会议进行协作。为保障物流，每日统计汇总各地仓库的收发货管控状况，制订了无法正常出入库的预案，并坚持进行消杀。为保障正常的财务和合同流程，将所有常用的合同章、财务章、投标章、营业执照公证件等印章证照做了多地备份；鼓励电子签章使用；关键 UKEY 由财务法务人员随身携带；大额付款事先统筹安排等。

当然，在具体政策的执行上，各部门会考虑各自业务的定位，在政策结构上进行充分考量，对有些短期临时性的政策会根据外部经济形势进行快速调整，不会一刀切。经过这样预先的统筹安排，实现了公司在应对疫情时依然能够正常运转。

那么，怎么将工作尽可能放到"重要不紧急"这个象限里面去呢？这个问题的核心在于：对于重要的事情，工作要有计划，并且这个计划要服务于战略目标。无论是企业还是个人，在成长中一定要控制欲望，专注于自己的目标。在这个过程中，计划会指导我们事先做很多事情。

不过，列计划通常会遇到一个问题——计划赶不上变化。在这种情况下，就要学会在计划里留有余地，这也是在做时间管理时要考虑的一个原则。留有余地是为了在特殊时间点上让自己有足够的时间去思考。

用日程表统筹你的时间

四象限分析完，确定了事情的重要紧急程度之后，就要将不同类别的事情填写到日程表中。

通过填写日程表的过程，我们可以对任务进行更加准确的区分、安排、检验，决定事情安排到哪个时间做，哪些是重要紧急的事情，必须马上处理。此后，通过不断的迭代，日程表会变得越来越清楚，也越来越有指导性。

许多取得显著成就的人有写日程表的习惯。本杰明·富兰克林不仅是美国著名的科学家、政治家，同时也是出版商、印刷商、记者、作家、慈善家，更是杰出的外交家及发明家。他是美国独立战争时重要的领导者之一，参与了多项重要文件的草拟，并曾出任美国驻法国大使，成功说服法国支持美国独立。

能够取得如此多的成就，一方面是因为他充沛的精力，另一方面则依靠他管理时间的方法。为了加强对时间的管理，富兰克林总是把每天的作息时间安排成一个表格，规定自己何时工作，何时休息。

他一天部分时间表摘录如下。

5时至7时：起床、洗漱、祷告。制订当日计划。读书和进修。吃早餐。在这段时间里，他会向自己提出一个很有意义的问题："我这一天将做些什么有意义的事？"

8时至11时：工作，切实执行好一天的工作计划。

12时至1时：读书，或查视账目。吃午饭。

14 时至 17 时：工作，把未做好的工作迅速完成，对已做好的工作进行仔细检查，有错误的地方立即改正。

18 时至 21 时：整理杂物，把用过的东西放置回原处。晚餐、音乐、娱乐或聊天。做每天的反省。这段时间里，他会反省："我今天做了什么有意义的事情？"

21 时至 4 时：睡觉。

详尽的日程表还有另外一个用途：检视时间流向和用途。当完成一项工作，回顾一下此前的日程表，也许就会发现时间都去哪儿了，以及曾经犯的一些时间使用错误，哪些事务浪费了时间，考虑是否需要重新制订计划或者修订目标等。

关于日程表的使用，在神州信息时间管理培训班上，一位学员的分享非常值得借鉴。

我在公司工作的前 10 年，是一种自下而上的时间管理过程。具体来说，就是手里很多事情，一件一件地做到感觉比较满意的状态。每件事都做好了，结果自然应该不错。但越往后，越觉得时间管理不应该是这样一件又一件事情的累加，而是应当有一个时间管理的全景图。

通过这个时间管理全景图，能规划今年的时间如何分配，有多少时间放在日常事务的处理上，有多少时间放在重点事项的推动上，有多少时间放在跟团队沟通、梯队的培养上，有多少时间放在自己的学习上。通过一个这样自上而下的思维方式，来建立一个时间管理的框架。

这个"自上而下"，什么是"上"？我觉得目标就是"上"。管理岗位上最重要的工作职责是什么？我们财经体系的要求是"资本、资金、资产"这6个字，要怎么去理解，怎么把它分解，然后怎么把重要的事情全囊括在这6个字里面？再在这个基础上，去构建时间管理的全景图。

所以，首先要确定工作目标，然后做分解，去设计出自己该分配在每个事项上的时间和精力是多少。其中有个重要环节，就是要和上级做对表确认。你想的到底对不对？你的领导是不是这么想的？如果工作目标没有跟领导确认，很有可能花了很多的精力做了跟公司目标不一致的事情。或者只是花了大量精力在日常工作上，但对重点工作却没有推进。

确认完目标之后，下一个环节就是要把重要的工作落到日程表里，优先去占据时间。只有把这个事情写进日程表里，把那段时间占上了，才有可能保证在推进过程中，不被突发的事件侵扰；或者即使有突发的事件，也能保证想做的事情能够得到妥善的重新安排。

以我自己为例，接任神州信息CFO工作后，我给自已定了一个为期 2 个月的时间计划。具体事情可以分成 6 个方面。

（1）财务体系的人员沟通，包括通过人力资源了解相关人员的具体背景，与核心团队成员一对一面谈。

（2）公司基础的财务资料，包括主要的财务流程制度、法人体架构、财务核算制度、费用管理制度、税务风险评估报告、资金需求测算、银行授信额度、公司的各项签字权限、投资公司情况等。

（3）通过前两项确定重要的专题事项，比如说重大风险事项的处置计划等。

（4）预算和业绩的跟踪管理。

（5）外部关系交接，包括审计、授信银行、税务、监管等。

（6）董事会流程。

一共是 8 周的计划时间，为了留出冗余，我把每一个列出的事项，都分解成 6 周的计划。一周结束后，用绿色标识已经完成的事情，用黄色标识要延后的事情，还有红色表示重要提醒。看到这张图，就会一目了然，哪些事情是按期完成了，哪些事情在延后，哪些事情可能出现了问题，比如说有一些我们认为是有重大风险的，这是未来重点跟进的事项，就会成为我交接期之后的重点管理工作。

管理学家彼得·德鲁克也认同这一方法。他在《卓有成效的管理者》一书中提到"管理者提高工作效率的第一步就是将那些被实际运用的时间做记录"。按照德鲁克的观点，卓有成效的管理者都善于做时间记录，并对这些记录每月定期进行检查。每次检查完记录之后，他们就会发现自己又曾在一些无关紧要的琐事上浪费了时间。其实这就是一种管理实践的练习，只有通过反复练习，才能学会有效管理时间，也只有不断地练习，才能避免时间使用的偏离。所以，一张根据四象限制成的日程表可以解决很多问题。

当然，很多人在填日程表时会遇到一些困难，比如很难确定每一项工作放在象限的位置。这个问题没有一劳永逸的解决方案，只能说，准确填表需要经验和对工作的深刻理解，明确知悉工作的本质、目的。只有这样，才能够真正把日程表填好，把工作的优先级排好。

让工作周报发挥作用

每个星期天的下午或晚上，神州数码的员工，上至集团总裁，下至基层员工，都会不约而同地做同一件事情：写工作周报。利用周末的空闲时间，大家静下心来总结本周重点工作的完成情况，梳理下一周的主要工作任务，并对下一周的工作做出计划和安排。这项看似简单的标准动作，公司中层以上的数百名干部已经坚持了五年多。

神州数码的周报填写是从 2017 年开始的。当时，我发现集团内部存在工作节奏慢、工作发散、没有计划性的问题，这是一个危险的信号，必须防微杜渐，否则后果不堪设想。为了解决这些问题，我开始在公司中推行工作周报措施。公司设计了统一的周报文档模板，包括本周工作小结与下周工作计划，要求事业部总经理以上干部填写，并邮件发送相关人，不过，当时对内容的填写要求比较简单，只要围绕重点工作、突发事件、日常工作用"拉条子"的方式进行陈述即可。

在很多人看来，工作周报这个工具如同"时间管理"这个理念一样，都显得过于基础，在使用过程中甚至被人滥用，比如某些人会进行"作秀式填报"，而某些上级只会进行"形式化要求"，却无实质性反馈，这使工作周报成为管理过程中的一种形式化任务，无法对员工的工作推进真正起到帮助作用。种种乱象使工作周报这件事在职场中被污名化，乃至让人心生抵触。

大环境如此，我们公司也不例外，所以在刚开始执行此任务时，即便只是先针对高级干部进行了推广，大家对此也大多是不理解的，明里的意见和私下的牢骚时有发生。但我深知，这个工具是促使组织思想转变、行为革新的有效手段，所以即使顶着重重压力，也把这个要求坚持了下来。

2018 年，我将时间管理的方法论在更大范围内进行推广，形成周报工作制度，要求更加明确，内容填写围绕战略和重点工作，更加聚焦，同时在干部层面大范围开展培训。周报模板在原有内容基础上，增加了季度工作计划，包括分解任务和月度目标内容，按季度进行填写，并出现在每周的周报里，进行比照说明；对重点工作的说明，也增加了"遇到的问题及解决办法"和"需要公司决策的事项"栏，以加速管理决策进度。

2019年，沿用上一年的模板，我们继续推广工作周报的使用范围。周报成为管理团队自觉使用、进行自我管理的工具，人力资源部门梳理形成了周报评估的维度和标准，定期检查，并形成反馈机制，督促改善，加大宣贯和检查力度，个人的时间计划性和重点工作投入度有明显提升，管理团队和各级班子战略和重点共识度有了很大的提高。

2020年，我们开始在全员范围内推广使用线上周报系统，通过数字化管理，加强各级班子在时间管理上的计划性、一致性和阶段产出。具体来讲，主要是通过对战略重点工作进行分解，将较宽泛的工作内容，落实到班子的职责分工、目标分解、里程碑设置上，从而实现了战略重点工作更好落地。同时，建立了周报的检查、通报和惩罚制度，以各级班子为单位检查周报填写的情况并反馈问题，不断改善。通过这一年的实践，管理团队在目标分解和工作任务计划性方面，意识明显增强，各级团队的管理语言也更加统一，班子成员在重点工作上的有效时间投入有了明显提升。

2021年，我从战略推进和班子建设入手持续升级迭代周报系统，以任务目标为导向，以周报为抓手，强调管理工作的"计划、组织、协调、控制"四要素，进一步提高班子的执行力，具体来看，是从以下四个方面进行落实的。

第一，战略目标要有一致性。通过分解战略目标，逐一确定班子成员的职责与任务，保证其对职责和重点工作的理解一致性，并通过任务目标的逐层分解，达到年度任务、季度分解与周计划的一致性。

第二，主要任务要足够聚焦。周报系统的表头显示年度主要任务并置顶，通过频繁出现来提示大家将时间聚焦在年度主要任务上；同时，周报后台管理系统也实现了对每个重点任务的统计分析，能够看到数字任务的完成进度。

第三，持续跟踪任务进度。强调"抓铁留痕"，对重点任务进行每周的进度填写，把计划落地的整体过程展示出来，从而实现重点工作的真正落地。

第四，周报检查管理制度。对周提交率进行考核，一级、二级班子以季度为单位评估时间管理效果，并将评估结果及时反馈。

五年多的时间里，周报从最初的被动填写，到现在的自觉使用，已经成为公司各级班子进行自我时间管理和团队时间管理的基本工具，得到越来越多人的认可。

大家在周复一周的习惯熏陶之下，逐渐发现了周报带来的诸多好处。无论是在团队协作，还是个人工作规划方面，它都像是一个严肃却不失温和的伙伴，认真督促我们组织中的每个人不断成长。

同时，大家也都认识到，写工作周报不是事无巨细的"流水账"，也不是简单地画"时间表"，更多的是以周为单位，对重点工作进行总结和思考：这一周的工作是否如期完成？遇到什么问题，有什么样的解决办法？对公司有什么样的建议？需要上级给予什么样的资源支持和决策意见？下一周的工作计划是什么？产出目标是什么？而上级领导依此及时审阅，给予反馈。

不同岗位、不同层级的工作周报，虽然内容各不相同，但是都指向一个主题：我的工作与公司的战略升级和业绩增长有什么关系？我的工作如何在公司的战略和业绩中体现价值创造？因为公司已把战略和目标分解到了每一个关键岗位的重点工作中，分解到每个季度、每个月，甚至每一周。

当然，在推行工作周报的过程中，对这个工具如何更好地发挥作用，我们也经历了认知上的演变，并对工作周报系统也进行了数次版本更新。

2018 年 1.0 版关注年度重点工作，兼顾日常工作；2019 年 2.0 版将重点工作与周工作安排做了关联；在 2020 年 3.0 版中，取消了日常工作的汇报，更关注重点工作，并要求对重点工作的精力分配占比进行估算；而 2021 年 4.0 版中，增加了岗位职责的确认，并提示大家每周进行总结与沟通。

整个改版过程是沿着几条主线进行的。一是越来越**聚焦重点工作**；二是越来越**明确岗位职责和产出**，更加以目标为导向；三是越来越**强调反思与沟通**。同时，工作周报的撰写和回复率，也是我们在组织管理时关注的重点。因为工作周报不是简单的下级对上级的工作汇报工具，而是个人的思路整理工具，以及组织的网络化书面沟通工具。通过周报撰写，每个人能够更好地审视自己的工作；通过周报的分享，下级能明确了解上级的关注重点，上级能了解下级的工作动态，同级协作者能了解其他人的工作安排和思路；而通过周报的互相反馈沟通，组织内的交流和协作会更顺畅。

当写工作周报成为良好的工作习惯后，不管是个人还是组织，都大大受益。工作周报的撰写，融入了"拉条子"、四象限、抓重点、做总结这几个时间管理的核心工具，倒逼我们将自己的工作不断聚焦到最重要的事情上。如果整个组织的成员，都能够这样将时间管理融入日常工作中，整个团队的战斗力就会有质的飞跃。

善于授权，管得少也能管得好

一提起诸葛亮，人们都会想起他的名言"鞠躬尽瘁，死而后已"。诸葛亮以其卓越的才能、敬业的精神，协助刘备建立了卓越的功绩,成就了蜀国的一代霸业,但是,他一贯的亲力亲为不仅将自己累得筋疲力尽,也使手下们无法发挥自己的才能,最终,他的手下无人能够接他的班,导致蜀国出现了"蜀中无大将,廖化当先锋"的无奈局面。

其实,诸葛亮最应该使用的时间管理工具是授权,如果他能够学会授权,使他的手下们得到更多的锻炼机会,更快地成长起来,或许,他就不必"出师未捷身先死,长使英雄泪满襟"了。

在工作中,我们会看到不同的管理者采取的是截然不同的工作方法。

有些管理者会认真对工作进行分析,看看可不可行,会遇到什么困难,目前已经具备了什么样的条件,然后亲自拟订工作方案,将具体的工作任务分配给每一个下属。他会亲自准备所有的工作,并且参与解决这项工作的整个过程,出现问题的时候,他会和员工一起想办法,密切关注工作的进展,直到完成的那一天。

还有一些管理者会把安排具体工作的权力进行分解,将它交给自己的下属,由他们来思考并决定这项工作应该怎么完成,他不会告诉下属"你应该怎么做",当工作出现问题的时候,也很少会当"救火员",下属需要自己想办法解决问题。

前者,管理者扮演的是"保姆"的角色,所有的事情都要由他来负责,下属非常依赖他,结果,他自己累得够呛,下属却失去了独立性，哪怕是很小的问题，也会习惯性地向他求助，这就导致不但管理者的效率极低，整个团队的效率也非常低下。后者，管理者做到了真正的授权，把权力分享给下属，让他们拥有充分的决策权，这既激发了他们的工作积极性，也能逐渐将他们培养成为可以独当一面的人才。

所以，善于授权是一个管理者必须具备的时间管理技能。

授权其实很简单，就是将完成目标的相应权力授予他人，让他们自己来分析资源与条件、思考可能遇到的问题、寻找解决方法、制订工作计划，使他们拥有完成工作任务的适当权限和工作能力。

具体来说，有效授权可以通过四个步骤来实现。

第一步：了解并评估授权可能会导致的风险。

授权是一把"双刃剑"，它一方面能为企业带来巨大的好处，比如提高工作效率、激发员工的创造性和主动性，把管理者从琐事中解放出来等；另一方面也可能带来一些潜在的风险。

通常来说，授权代表着责任的增加，代表着监督的减少，如果被授权者的能力、责任心与他所承担的责任不匹配，而在执行过程中又缺乏适当的监督，就有可能会出现一些风险。比如，授权使下属拥有了更大的人事、业务处置权，他们能够更快速、更自主地处理工作、解决问题，从而提高了企业的整体工作效率，有利于企业目标的实现。这看起来对员工、对企业都是双赢，然而，我们必须要清楚的一点是，这一切都建立在一个前提下，那就是——被授权者能够恰当地运用权力，有能力承担被赋予的职责，并且表现出足够的绩效水平！

但是，如果被授权者不具备这样的能力呢？

有一家家电公司的总经理，为了简化流程、降低成本、提高公司的销售额，制订了一个授权计划：给分区经理充分授权，让他们可以不经过上级的层层审批，独立对客户的一些要求进行处理，比如对现有的产品价格进行微调、从其他区域调货、增加附加服务等。

虽然这位总经理的初衷是好的，但是在执行的过程中却出现了一些问题。有一些分区的经理为了争取更多的客户，将价格压得非常低，甚至还会无原则地增加一些额外服务。有一个分区经理，竟然在客户还没有支付定金的时候就向他赊销了总价大约为50万元的产品。还有一个分区经理，竟然为了拿回扣，将产品价格降低了1/10。

因为这些情况的出现，新产品虽然在市场上卖得非常火，客户满意度也很高，但是利润率却大幅度降低了。

案例中的情况在现实中并不少见。可见，如果被授权者的能力与职责不匹配，就会给企业带来不必要的损失。所以，在授权之前，管理者首先应该了解授权可能会导致的风险，并对风险进行初步评估，如果这种风险超过了企业的承受能力，就要及时停止授权，或者调整授权的方式、方法。

第二步：完善企业制度，实现规范化管理。

为了避免使企业掉进授权的"陷阱"，在进行授权以前，管理者还要确认企业的经营管理是否建立了配套而又完善的制度，是否实现了规范化。只有在这样的基础上，各个业务部门和岗位的责任、权力、利益才能明确，减少授权中的盲目性和随意性，授权才能做到有章可循。

完善企业的制度，授权者能够更加清楚自己手中的权力和职责，哪些是可以转移出去的，哪些是不可以转移出去的，可以有效地避免发生越职授权或者授权不当的情况；被授权者可以更明确自己得到的授权边界和责任大小，在可能的限度内充分运用权力，以最佳的方式实现既定目标。

有了制度和规范的保证，也就能够把授权置于企业的有效监控之下，增加授权的透明度，使授权者和被授权者的权利义务能够更加清楚明了，为授权管理的顺利进行提供可能。

第三步：对下属进行评估，判断其是否具备授权的条件。

在确定授权可行后，接下来管理者应该做的，就是对被授权的下属进行评估，判断他是否具备授权的条件。

通常，被授权者的胜任程度越高，授权实现的可能性也就越大，授权的风险也就越小。一些管理者盲目授权给一些无法胜任的员工，结果导致工作完成的情况很糟糕，给企业带来了很多负面影响。所以，在实施授权前，管理者应该对被授权者的胜任情况进行严格考核。

神州数码某技术总监曾经任命一位刚进公司没多久的90后员工做一个重要的研发项目，这位员工感觉非常惶恐，因为他之前从来没有得到过这样的重用，而且也没有独立承担过这么大的项目。这位技术总监却对他说："既然我敢授权给你，就说明我完全相信你的能力，你就放心大胆地去做就行了，你一定能做好的。"

技术总监的这番话可不是信口说的，在授权之前，他就对这名员工进行了调查，对他的人品、专业技术、工作态度有所了解，所以才会放心地授权给他。

他没有看错人，这名员工接受任务后，勤勤勉勉，勇于钻研，结果不但顺利地完成了这个研发项目，而且还在接下来的几年时间里又完成了其他几个重要项目。

对被授权者的胜任情况进行评估，重点有三。一是要看他是否具备与职责相应的能力素质，比如，完成工作所需要的专业素养、工作经验和能力水平，执行目标所需要的专一度、判断力和决策能力，以及资源统筹、整合能力等。二是看他是否具备承担责任的信心，一个信心充足、愿意主动接受挑战、能想尽办法克服困难的人，他的准备充分程度、用心程度及进取精神肯定超出被动接受型的员工。三是要看他是否具备良好的品质道德和职业操守，比如对大局的把握、对制度的遵守、团队精神等。

对被授权者的评估结果，既有利于管理者判断其是否值得被授权，适合何种程度的授权，也能帮助管理者发现企业的核心人才和重点培养对象。

第四步：循序渐进安排授权计划。

任何事情都不是一蹴而就的，授权也是如此。制订合理的授权计划，循序渐进地进行授权，才能使权力真正发挥其作用。

值得注意的是，授权有一个非常重要的前提，就是必须以信任为基础。

很多管理者会犯这样一个错误——一边授权，一边对下属有所怀疑，导致既不能有效地使权力实现过渡，还使下属因为这种被怀疑的感觉而倍感不爽，工作效率降低，企业业绩下降，最终使授权流于形式。

著名的管理专家柯维曾经说过："授权并信任才是有效的授权之道。"一旦进行了授权，就要给员工足够的信任，让他们把企业当成是一个可以充分施展抱负的平台。正如在实际工作中，一方面，员工希望获得上司的信任，被授予更多权力；另一方面，获得授权的员工，在被完全信任的情况下，才能拥有自主决策的权力，并能有效行使被授予的职权。

信任不仅来自管理者对员工的充分信任，而且诞生于一个双向信任的良好氛围。只有双向的信任才能保证授权能够持续地进行下去。授权并信任，可以激发员工做好自己的本职工作，甚至大大超越要求完成授权的任务。

松下幸之助在授权的时候非常信任自己的下属。1926年，他计划在日本金泽开设一个新的办事处，他把一个年仅19岁的年轻员工找来，对他说："我打算在金泽开办一个办事处，我觉得由你去做这件事比较适合。你现在就到金泽去，找一个合适的地方，租一个办公地点，需要多少资金，你可以跟我说，我会给你提供充分的支持。"

年轻人听了以后，非常吃惊，因为连他自己都不相信，老板竟然会把这么重要的任务交给他。他到了金泽后，马上开展工作，每天都会把自己的进展写信给松下幸之助，向他汇报自己的成果。松下幸之助给他回信："不必每天向我汇报，一个季度汇报一次就可以了，我充分信任你的能力，放手去做吧。"

年轻人备受感动,后来,金泽办事处办得越来越好,给松下集团创造了丰厚的利润。

这样的例子在松下集团比比皆是。比如,公司从来都不会对员工保守商业秘密,新员工入职的第一天,就会受到毫无保留的技术培训。一些人对此十分担忧,害怕这样会泄露松下集团的商业秘密。但是松下幸之助却说,你招聘这些员工进入你的企业,就要充分地信任他们。如果为了保守商业秘密而对员工进行技术封锁,造成员工在生产过程中业务不熟,肯定会导致残次品率的升高,造成企业成本的增加,这样一来,公司受到的损失就会更大。

松下幸之助在总结自己的管理经验时曾经说过:"我用这种信任的授权方式来做事,在公司还没有遭遇过什么失败,对人信赖,是培养优秀员工的一个非常重要的条件。"

所以,信任是授权的保证,授权必须要以对员工的充分信任为前提。一旦授权,就不要有所顾虑,要给下属充足的空间,让他们得到发挥的机会,在企业这个平台充分展现自己的才能,获得巨大的成就感,最终受益的将会是企业。

当然,信任并不意味着管理者从此以后就可以不闻不问了,在授权的过程中,适时监控与追踪也是必不可少的。授权不是放任不管,正确的授权应该是相对的、有原则的,是在有效监控之下的授权。

所以，要做到有效授权，还必须建立一个有效的监督、检查机制。检查是一种流程，和信任不信任无关，如果缺乏这个流程，授权也就建立在盲目无序的基础上，"放权"就等于"弃权"，这会导致各种各样的问题出现，甚至使企业遭受灭顶之灾。

授权如同放风筝，既要勇敢放手，又要牵住线，不要让风筝失去控制。如果光牵不放，风筝是不可能飞起来的；如果光放不牵，风筝要么直接飞不起来，要么飞上天以后失控，最终会栽到地上；只有边放边牵，进行适当的控制，才能放得高、放得持久。而且，风筝线的韧性也要足够好，这样才可能随时把风筝收回来，不然的话，不是把风筝放出去了收不回来，就是收回来以后又不敢再放出去。管理者在授权的过程中，也要把握住这根"风筝线"，这条"线"就是足够的控制力，不要超出自己力所能及的控制范围，要使授权与合理监控结合起来。

做好复盘，永远让下一次比这一次要好

在时间管理中，总结与复盘也是非常有效的工具，然而，很多人却没有用好这个工具，我经常看到，有些人在做总结时只是进行事项的简单"拉条子"，罗列出过去一段时间的所有

事情。诚然，这项工作是必需的，但远远不是总结的全部。所谓总结，是要对一个时间段内的工作进行全面、系统的总体检查、评价、分析、研究，得出成绩、不足、经验等结论，是对过往工作的理性梳理和思考，能够用来指导未来的工作。

总结的核心要义是分析，也就是我们常说的复盘。这其实是一个围棋术语，是指双方在一盘棋结束之后，对整体过程进行回顾分析，以检查对局中对手招法的优劣与得失，包括回顾当时自己是如何想的，为什么"走"这一步，如何设计、预想接下来的几步等。这个词也常用于股票投资，指的是在股票市场中利用静态再看一遍市场全貌，从而更加深入地了解市场的变化。其实，不仅仅是下棋或股市，我们的业务、我们的管理，甚至我们的人生也需要不断复盘，从而做到审时度势，趋利避害。亚里士多德说："我们每一个人都是由自己一再重复的行为所铸造的。"而通过总结来主动发现、归纳、反思问题，可以使我们不断精进，让优秀成为一种习惯。

那么，怎样才能做好总结与复盘？在这里，我以年度总结为例进行讲解。年度总结是对过去一年的工作进行全面系统的梳理、检查、评价、分析和思考，找到成绩、发现不足，总结背后的原因和经验，从而更好指导未来一年的工作。有成效的总结是制订新一年工作计划和预算目标的前提和基础，也是执行和落实各项工作计划的保障。

一份完善的、能对未来工作起到指导作用的年度总结应包括五个要素。

第一，年初的目标回顾：按照年初的计划，回顾当时设定的各项目标，包括经营目标、重点工作目标，以及相应的里程碑设定。

第二，评价执行结果：与各项目标对照，执行结果是什么？哪些达成了，哪些没有达成。

第三，原因分析：达成的关键因素是什么？没有达成的根本原因是什么？其中哪些是客观因素造成的？哪些是主观因素造成的？哪些是事的因素，哪些是人的因素？其中，应该从管理团队时间管理角度进行总结和分析，班子成员的时间管理是否能够做到聚焦高效、协调一致，从而很好地保障了各项目标的达成？

第四，总结经验教训和规律：对成功经验的总结，是否可以成为指导未来工作的方法和规律？对失败教训的总结，如何改进同时避免以后再犯同样的错误？

第五，下一年的目标和工作计划，应该基于上一年总结基础上来提出，要逻辑一致，前后衔接。

当然，不同的企业对总结的要求不一样，比如在神州数码，公司人力资源部都会要求员工们以岗位责任书为基础，进行年度时间管理总结和个人述职，总结内容包括。

- 对照岗位责任书中的年度任务目标，总结各项工作的完成情况并进行过程管理的总结（结合周报，如何进行计划分解、组织协调和偏差控制)。
- 结合时间管理，对本年度个人工作得失进行分析，一方面总结各项重点工作的时间精力分配情况；另一方面分析个人工作的得失（从个人时间管理和团队时间管理两个方面展开分析）。
- 从个人实际参与和支撑的角度，对所在班子本年度重点工作进行评价并对下一年度班子重点工作提出建议。

神州数码某业务集团总经理对"商机管理"工作的总结值得大家借鉴。

2021年的商机管理工作，我们采取的是由上至下、先僵化—后优化—再固化的工作思路。

在推进这项工作的第一阶段，前端的业务人员有不理解的现象存在。首先我们要确保业务集团的核心班子对商机管理的高度共识和坚定执行，为了明确这项工作的定位、要求和边界，3月我们出台了商机管理规定。各个小部门也在此基础上出台了一些加强办法，确保了第一阶段的商机规模，并让销售员逐渐接受和习惯。

第二阶段，通过系统优化、简化、合理化商机管理内容，通过报表和看板开发，为销售员和销售管理团队提供数据支持，优化客户体验，加强与业务管理的紧密结合。

第三阶段，着重加强管理层的Review（复盘）意识和商机的填报质量，从核心班子做起，每天 Review 一条商机，合理引导销售员对商机管理的正确理解和应用。

第四阶段，我们希望商机管理能与业务流程更紧密结合起来，成为流程过程中的一部分，而不是一个独立的管理模块。预计把原有的线下项目沟通、项目报备机制和 CRM（客户关系管理）的反馈互动功能结合起来，真正实现管控动作的前移，同时能够反向促进商机质量的进一步提升。

回顾这一年的商机管理工作，好的方面是：商机管理在各个业务层级达成了共识，能够对业务重点项目、全局把控、机会发掘、过程管理等方面起到积极的促进作用，并建立了商机 Review 机制；核心渠道[①]推动向以客户为中心转型，并积极推动横向复合销售，推动多个千万级以上的横向复合合作项目案例，培养了一批有共识、有目标、有行动计划的渠道经理。

但仍有不足之处：商机和业务结合还需要进一步加强，商机整体数据和分析初现框架，但是针对性不够，需要提升对不同业务模式、不同业务单元的商机分类支持，更贴近业务本质，从而通过商机数据分析和销售员行为数据分析支持到业务决策与日常管理。

---

① 在神州数码集团内部，"渠道"指代分销业务的下游代理商，如"核心渠道"是指销售规模较大的重点代理商。

值得一提的是,在总结时,有三个要点需要我们尤为注意。

要点一:列出重点工作,但不能面面俱到。

做重点工作的总结,包含着抓主要矛盾的哲学思想。我在学哲学的时候学到的最重要的一点是:在一切实际工作中,必须首先抓主要矛盾,也就是抓工作的重点、中心。工作中的重点,就是"主要矛盾",也同样遵循二八法则,要总结的是自己花80%精力处理的那20%的重点工作。总结是非常重要的学习形式,只有学会总结,才能不断改进和提升工作。

在做总结的时候,还特别要注意,"什么都想说"往往等同于"什么都没说"。因此,需要抓住最重要的事情,用最短的时间说明白。会议作为总结工作陈述的重要场合,往往成为企业里面时间浪费的黑洞。发言人习惯性的啰唆和会议主持者对控制场面的不作为是十分常见的现象,导致会议时间总是被拖延。

如果将收入折算到单位工作时间里,可以简单得出一个人的时间成本。分别以一个年收入20万元的普通职员、一个年收入50万元的中层,以及一个年收入100万元的高管计算,每分钟的时间成本大约是1.6元、4元、8元。这样,一个包含一位高层、三位中层、两位基层的普通会议,如果超过45分钟,成本便会超过1000元。与此形成鲜明对比的是,我们要想有1000元净利润,会付出多少的销售成本和艰苦努力!

每个人都可以简单想想，平常参加的会议数量有多少，其中有多少被浪费的无效时间，便可以估算出时间浪费的程度。很多时候，这是由于不会总结造成的。好的总结，是那些能够开门见山阐述观点、重点明确、条理清晰、使用的信息经过严格筛查、讲述方式简洁大方的总结。如果我们总结时做不到以上这些，那就是在浪费大家的时间。

对于总结及其陈述方式，可以参考 PREP 结构（见图 3-3）。

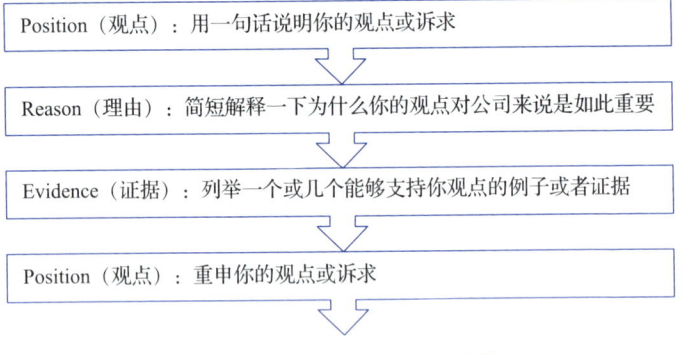

Position（观点）：用一句话说明你的观点或诉求

Reason（理由）：简短解释一下为什么你的观点对公司来说是如此重要

Evidence（证据）：列举一个或几个能够支持你观点的例子或者证据

Position（观点）：重申你的观点或诉求

图 3-3　总结陈述的 PREP 结构

当然，与此类似的方法论还有很多，不同的人有着不同风格的表达习惯，也没有必要为总结设定一个千篇一律的模板。但一定切记，要追求总结的重点突出，切勿面面俱到。

要点二：看结果，也要看过程。

前面我们通过"拉条子"，条理清晰地列出了重点事项。对于识别出的前三位重要的事情，该如何进行分析总结呢？第一步必定是针对结果的。我们首先要评价结果如何，是好还是不好，是否可以接受？这取决于我们对评价标准的共识。因此，在计划的制订阶段，关于目标的定义和描述是非常重要的，一定要对目标有非常清晰的认知。

其次，不仅仅是要总结成果，还要总结过程，我们为什么做得好，为什么做得不够好，为什么没有做成功呢？分析过程可以帮助我们发现问题，并找到其中的内在逻辑。

西方古典哲学里，对于过程的思索十分深入。有一个"阿里斯基永远追不上乌龟"的古希腊神话故事。阿里斯基是希腊神话中著名的飞毛腿，是跑得最快的人，但古希腊哲学家、数学家芝诺却说他追不上一只爬行的乌龟。芝诺假设乌龟比阿里斯基先跑出10米，然后阿里斯基要想追上乌龟就得再跑出这10米。但在这段时间里乌龟又向前跑出了一段路，这又需要阿里斯基花费一段时间，如此反复，阿里斯基永远也跑不完与乌龟之间所隔的路程。乌龟一旦领先，就永远领先。[1]

诚然，这是一个典型的诡辩故事，但引发出了人们对"极限"问题的初步思考。到牛顿和莱布尼兹发明微积分，这个问题得到了圆满的解决。不得不说，正是这种对物理现象发生"过程"这一黑盒子的详细追索，才使西方产生了现代科学。脱离了对过程的研究，我们可能永远不知道事情的内在逻辑关系。

---

[1] 芝诺悖论，被记录在亚里士多德的《物理学》一书中而为后人所知。

面对快速变化的全球市场，企业是否具备快速应变的能力，成为影响企业长期竞争力的关键因素。而实现这种目标，主要依赖对运营过程的精细化控制，以及对相关过程数据的分析挖掘和决策支持。"过程"是事情的具体执行阶段，包含很多细节的信息。我们过去常讲"蚁穴可以溃堤，细节决定成败"。问题的症结往往就存在于细节当中，而总结可以实现对过程细节的复盘。

作为一个管理者，你如何去了解你的员工？不一定需要和大家谈话，很多时候，通过看大家的眼神，在办公室走一走，就能知道团队是什么状态。如果进入一间办公室，一个人也没有，全是桌子，这个部门会是怎样的状况呢？如果进入一间办公室，这边几个人在玩游戏，那边几个人在打瞌睡，这个部门是怎么样的精神状态？当你进入一间办公室，所有人都拿着电话在为客户服务，你的感受肯定不同。

这样观察下来，基本就知道了公司接下来要做的工作是什么。了解员工不是整天和管理干部开会，听他们的"军令状"，看他们的路线图，而是要常常去项目组，去看项目组人员的眼神。由此，管理者就可以知道项目进展情况怎么样，这个项目组的战斗力是什么样的。我们讲企业实践，不仅要从问题出发，还要保证它的可操作性，更强调做事情的工作流程。过程会告诉我们更多的细节信息。

实际上，不论是面向目标，还是针对过程，做好总结的关键都是思想方法，是判断是非的一些基本原则。事物本身并不会因为我们的总结而变化，只是通过总结，我们认知的能力和水平得到了提高，使我们下一次再遇到类似问题的时候少犯错误或者不犯错误。总结的重要性就体现于此。总结的过程会形成团队对于过程共同的认知和记忆，这也是一种共同学习的过程。

要点三：思考自己的工作和公司的战略目标匹配吗？

"力出一孔，利出一孔"，所有人的力量要在一个点上聚集，所有人的利益也要在一个点上共享，这样团队才会有真正的执行力。

大家"拉条子"、做总结的时候，应该了解上一级的重点工作是什么，乃至整个公司的战略是什么。否则，费了很大工夫，跟上一级的重点工作根本不匹配，即使忙得焦头烂额，也是做无用功。每个人必须厘清自己所做的重点工作，跟上级的重点工作是什么关系，怎么样做才能帮到他。如果目标是相匹配的，工作才会有实质有效的产出，团队发展的动力也会得到凝聚和强化。如果目标不匹配，就要立即进行调整。

公司总体的战略目标，可以这样逐层分解为员工的小目标。如果一个人发现自己所做的工作和公司总体战略导向一点关系都没有，那这个事基本上可以不做，或者说是所在团队的一把手不合格，因为他考虑问题全局性不够。我们动员每个人去讲自己的目标，就是我们要通过总结的过程，达成共识，共享目标，共建愿景。

看完上述要点，再做总结工作的时候，你一定会有所改善。在不断总结归纳中，我们对目标路径，以及与之相关的关键要素会有进一步的把握，同时，我们也从中更好地认知和提升了自己的能力。

第四章

把时间花在最重要的战略管理上

战略是企业的核心动能

我们意识到时间的珍贵，学会时间管理的方法，是为了将这一重要资源用到我们最重要、最值得的事情上。对企业来说，最重要的事情是什么？是战略。

"战略"一词最早源自古代的战争以及军事活动，它是从战争实践和军事活动中总结出来的理论，指战争中可以采用的谋略，也就是怎样能够克敌制胜的妙计良策。早在春秋时期，孙武在总结过去战争经验的基础上写成了流传于世的《孙子兵法》，虽然没有用"战略"来命名，但是它所包括的内容蕴含着极其丰富的战略思想，到现在人们依然能够从中汲取营养，还被世界各国广泛运用，影响十分之大。

对一家企业而言，战略管理事关企业的资源分配以及发展目标，是为了实现更多盈利、获得长期生存和发展，在对外部环境和内部条件进行详尽而科学的分析基础上，对企业的发展目标及实现途径所做出的一种全局性的规划，以及规划的落地实施。从这个角度来说，战略是企业的核心动能。

我们做时间管理，要把握最重要的20%，而如果从对企业的重要性来权衡的话，战略管理算得上是最重要的1%了。

要做好战略管理，离不开时间管理，从战略管理的全流程来看，时间管理在战略从制定到落地再到迭代的全流程都发挥着作用。

- 在战略规划环节，时间管理帮助我们穿透时间的迷雾，使我们从更长的时间维度来思考问题，从而赢得未来。
- 在选择战略举措时，时间管理帮助我们按照轻重缓急对所有选择进行梳理、分析，从而做出最明智的决策。
- 在制定战略目标时，我们在时间的轴线上，对战略方向阶段性的成果进行定义。
- 在战略执行阶段，时间管理帮助我们将时间资源更合理地分配到各个任务上，从而确保战略目标的达成。
- 将随着时间发生了变化的不确定性重新纳入考量范围，对预判进行修正，就是战略刷新和迭代。

从更长的时间维度来思考战略规划

在做战略规划时，很多企业往往更关注那些对其产生影响的变量，却忽视了时间维度，即：你想用多长时间来实现企业的战略目标。时间维度的差异，带来了企业执行方式的差异，结果自然也就大不相同。

企业在做战略规划的时候，一定要着眼未来，在一个更长的时间维度中进行思考：企业在未来将发展成为什么样的企业，为了实现这个目标现在应该采取哪些策略，如何才能在市场竞争中脱颖而出？

遗憾的是，在现实中，我常常看到无数企业只关注眼前的点滴利益，或者被当下的麻烦和问题所困扰，而不去做长期的战略规划。这导致的结果是，这些企业在几年后就陷入被动或者在市场竞争中落败，其中不乏一些曾经辉煌一时的企业。

如今，中国正处于社会和经济的转型期，各种新变化层出不穷，为了适应这些变化，企业也必须转型，战略规划也就成了企业的首要命题。在这个过程中，我们需要思考的不只是要制定什么样的战略规划，还有要用多长时间来达成这种战略规划。无数企业的失败案例警示我们，如果在战略规划中忽视时间维度，只计较当下一城一池的得失，而不着眼于更长远的发展，不去深谋远虑，企业很可能会在未来与现实的纠结中挣扎，无法抵达规划中的未来。

神州数码集团将云战略作为未来的战略规划，全面布局云业务，也正是基于这样的考虑。

> 神州数码，在诞生那一天赋予自己一个名字的同时，也赋予了自己一份使命——"Digital China""数字中国"。
> 2000年成立伊始，公司在内部调研神州数码LOGO设计方向的时候，大家不约而同选择出内心最重要的词汇

是"Infinity"（无限）。如果将它转换成一个动态的图案，首先让人联想到了银河系——一朵动感、开放的、在宇宙中运动的云。综观过去20多年，IT领域最重要的变化之一就是云技术的出现，对以"数字中国"为愿景的神州数码来说，"云"既是我们的初心，也是我们未来的发展方向。

2017年，基于我们对整个数字经济趋势所做出的假设与判断，也为了神州数码集团能够在未来获得更好的发展，我们明确将"云"作为未来发展的核心。

为做出这一战略规划，我们进行了深入的思考和权衡。我们没有考虑短期的投入与收获，而是思考"五年之后神州数码会是什么样子，神州数码想要成为什么样的企业？为此我们要从现在开始做什么？"

以此为出发点，我们看到，我国正处于从信息化向数字化转型的关键时期，数字化转型将会给科技行业乃至整个经济运行机制带来深刻长远的历史性机遇和根本性变革。

在数字经济的推动下，企业数字化转型的紧迫性非常强，数字化转型将驱动绝大部分企业ICT（信息通信技术）投入的增长。在数字化转型中，最重大的变化之一，就是客户的需求从"买过程"转变为"买结果"，从"买产品"转变为"买能力"。企业不仅需要标准化的IT产品和设备，更需要对业务流程直接进行科技赋能。云计算是数字化转型的基石。大量数字化场景需要将应用直接部署于云端，利用云上大数据、人工智能、物联网等技术支撑企业的数字化转型。市场对绝大部分科技企业的能力要求，将从高新科技产品的研发能力，逐步转化为高效满足客户需求的服务和技术能力。与此同时，在企业数字化转型过程中，云上涌现的大量数字创新服务和新技术解决方案，也将促进云计算市场的新一轮革新，数字化转型也将从供给端创造巨大的增长机遇。

并且，数字化转型也将带来商业模式再造和产业链重塑。随着数字化转型进程不断深入，企业客户、厂商及渠道服务商的业务流程与产业链价值体系将发生巨大变化。企业的价值诉求从"基于企业自身、追求组织和业务效率的持续提升"转变为"基于产业发展、追求战略变革与业务创新"；投入从"以资产性投入为主，服务性投入为辅"转变为"资产性投入下降而以云服务为代表的服务性投入大幅增加"；决策机制由"技术部门为主"转变为"技术与业务的紧密融合与联合决策"。而科技行业厂商则从以产品为主、服务为辅的"产品"提供商转变为以满足客户需求为主的"功能"提供商。从过程导向转变为结果导向，数字化转型将带来整个商业模式的流程再造和产业链重塑。在这个过程中，渠道服务商也将面临重大的机遇和挑战。企业数字化转型强化了客户、厂商和渠道服务商之间的链接，将产业链的重心进一步向客户端推移，如果渠道服务商能够在现有标准化产品上针对客户的需求提供更多的增值服务及定制化开发，就能够真正成为密切参与客户数字化转型升级的核心合作伙伴和赋能者。

于是，神州数码集团的战略规划就这样浮出水面：致力于成为中国领先的数字化转型合作伙伴，围绕企业数字化转型的关键要素，开创性地提出"数云融合"战略和技术体系框架，着力在云原生、数字原生、数云融合关键技术和信创产业上架构产品和服务能力，为处在不同数字化转型阶段的快消零售、汽车、金融、医疗、政企、教育、运营商等行业客户提供泛在的敏捷IT能力和融合的数据驱动能力，构建跨界融合创新的数字业务场景和新业务模式，助力企业级客户建立面向未来的核心能力和竞争优势，全面推动社会的数字化、智能化转型升级。

当然，制定战略规划并非易事，需要我们在着眼未来后从当下开始着手行动。具体来说，战略规划的过程可以粗略地分为以下三步。

第一，洞察竞争领域，得出对未来的假设。

在自然科学里最先有假设，因为假设产生公理，公理产生定理，定理产生演绎，这是自然科学发展的过程。我们在经营企业的过程当中，很重要的出发点也是有一个假设，这个假设实际上是主观对客观世界的认识。有了对客观世界的认识，并努力在未来的不确定里看到确定的部分，才能识别哪里有机会，哪里有风险，从而做出相对正确的战略选择。

在做竞争领域分析的时候，我们要关注的因素主要有：宏观环境、产业、技术、客户、用户、市场等方面。在干部培训课程上，我们经常会邀请专家讲解并分析中国和世界的政治、经济、社会、技术的形势和发展变化趋势，目的在于让各级干部能够识大势，在此基础上做出自己的判断和假设，决定神州数码的竞争领域和未来发展战略。

在不同的区域、不同的时点，发挥主要作用的外部影响因素是在不断变化中的。有时，行业的变化是政策性因素起决定性作用。譬如近10年来，国产IT品牌领域就诞生了很多新的品牌和新的机会。有时，人口等宏观数字的变化会深刻影响某些行业，如少子化、老龄化的人口变化趋势，会极大影响教育、医疗、保险行业的走向。有时，新技术的发现和扩散速度起着决定性因素。譬如移动互联网传输交换技术的普及，带来了智能手机的需求量猛增，继而全球手机制造业产能增大，手机行业迅速发展，在此领域出现了多个世界级巨头。

大部分情况下，公司无法控制外部环境，我们所要追求的是识别各种因素，跟踪各种因素的变化趋势，并预测这些趋势带来的影响。某项新技术会给我们带来新的机会吗？还是带来意想不到的竞争对手？几项新技术的组合会诞生什么新的产品和服务机会？人口、经济、社会文化的变迁，会使哪里的资源聚集？哪个经济领域会有新的需求出现？哪个领域的需求可能会衰减？哪里是人才的洼地？我们的上游供应厂商业务是增长还是衰退？大客户的行业利润变化是否会影响购买力？新兴客户群体的增长是否能够形成收入覆盖营销成本的新市场？

所有这些影响因素及其变化趋势，会或多或少地影响组织的业务发展，影响组织的能力变化。为了抓住变化带来的机会，并减少不利变化的影响，我们需要不断收集外部环境信息。在收集信息的阶段，要追求广度，考虑周到，这样才能见微知著，为战略的制定奠定有效的输入信息。

以我们最传统的分销业务来示例产业分析。图4-1是一个简单的价值链传导图，最上游是半导体、系统软件的供应商，向上是品牌厂商，生产后到分销，再进入代理服务，有

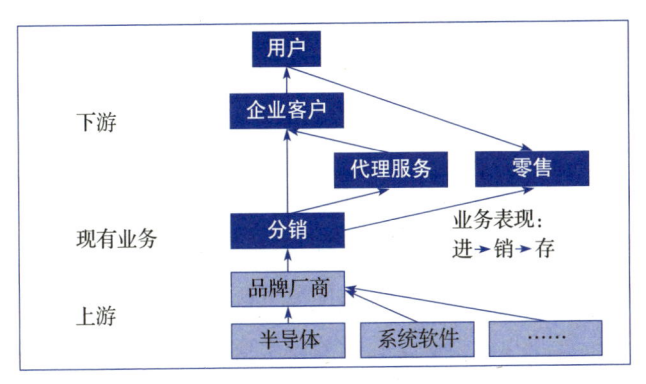

图4-1 IT产业分析结构示例

集成商、增值分销商、零售商，也有独立解决方案提供商。图示内容是常规结构，不能完全概括产业全貌，比如有些品牌厂商会直接向用户销售产品。

需要注意的是，很多时候，业务的客户和用户是不同的，我们要分别考虑。比如为银行提供解决方案，银行是客户，但最终的用户是银行职员，或者落实到最终消费者，这就需要我们洞察终端用户的使用习惯，而不是只考虑客户的采购流程。

整个产业的变化是很复杂的，往往由最底层的技术变革推动。IT行业的技术变革，促使IT的供给方式发生了变化，从最早的单机时代，到互联网时代，再到云原生数字原生时代，IT能力的提供将会转化成服务模式。这个服务模式会以生态化、社交化的方式去完成。我们基于这样的整体的产业分析，看到产业结构的变化，才能寻求自身应该做什么。

第二，向内看——对自己的竞争优势有清醒的评估和认识。

基于假设，我们再看看我们的竞争能力在什么地方，相比竞争对手，我们现在拥有的优势资源是什么？独有能力是什么？这些资源和能力，是我们的核心竞争优势，是面向客户价值创造的基础。

神州数码集团的海量分销业务，有风控能力这一核心优势。因为大规模产品分销，对资金需求极大，如果面向下一级销售渠道回款的风控能力有欠缺，公司就会出现极大财务风险。经过二十多年的积累，我们建立了一套严谨的风控体系。比如，我们在做下一级代理商的信用评估时，不仅针对代理商做风险评估，还要打穿到他们的最终客户，通过了解代理商将产品卖给谁，来评估代理商回款的风险。这样根据最终客户的信用值来调整我们的风控等级，就可以有更全面可靠的风险评估体系。

如果代理商将产品卖给大型央企，这个链条上的信用值高，风险就低；如果产品最终卖给中小企业，风险就会高一些。还有一些终端行业客户的信用会受宏观政策影响，在行业起步初期，有大量政府补贴，购买力就强；但产能积压后，补贴取消，支付能力就会出现问题。如果我们不能够将信用评估的覆盖面打穿到最终客户，此类风险是不能提前预知的。

上述的全面风险管控能力，是我们的核心能力。因此，在做战略分析的时候，可以考虑是否能将此类核心能力转化为服务，向合作伙伴输出，来拓展公司的业务范围。

以上是对于竞争优势分析的简要举例。当我们在做战略制定的时候，要把自己的优势分析透，才有可能往前走，因为任何一个新业务的出发点都是基于哪怕一点点的优势滚动出来的，如果完全没有优势，业务一定很难推进。

第三，明确重点举措，才能从优势走向胜势。

我们在明确了竞争领域，也分析清楚自己的优势之后，会明确有哪些短板要补，有哪些优势可以借力，这样重点举措就明确了。

> 比如我们的某项业务，能够覆盖的客户非常多，但这些客户，向我们采购的规模却只占其采购预算的很小比例。那么，能不能用两年时间，服务好我们的前五大客户，努力提高他们向我们采购的份额，努力成为该客户的最大供应商？这就可能是我们的关键举措，也是抓手。又比如，新业务要发展，也可以把现有的优势行业作为一个抓手，将老业务的客户，做成新业务的利基市场。类似的举措，都可以从我们对自身能力的优势和短板分析得出，而不是盲目跟随竞争对手。这个分析和执行的过程，要有想象力，也要求我们有快速执行的敏捷性。

通过这样的步骤，一步步认真思考，一个科学、立足长远的战略规划也就制定出来了。

俗话说"凡事从长计议"，这其实是古人留给我们的大智慧。从长，意味着更大的视野、更长的时间维度。在这种视野和时间维度下做出的战略规划，对企业往往有更大的指导意义。而当我们为了达成这种长期战略规划而马不停蹄、风雨兼程时，自然会只抓重点，把时间和精力投入到最重要的事上，当下的困扰与得失，也就不值一提了。

分清轻重缓急，做出明智选择

在选择重点举措时，摆在企业管理者面前的可能会有多种选择，这时，很多人会感到迷茫，不知道究竟该选择哪一个。尤其是在转型期，这样的抉择更是时常出现，令人左右为难。毕竟，重点举措的选择会直接影响企业的发展，一招不慎，就会满盘皆输。

这时，时间管理的各种方法就派上用场了。

我们可以先用"拉条子"的方法，将企业所面临的诸多战略举措罗列出来，然后从中找到最重要的20%，当然，对与战略相关的重要决策来说，20%的范围仍然太大了。这时，我们需要利用四象限法来区分轻重缓急，从这20%最重要的战略举措中找到重要且紧急的那一个。

神州信息银行核心系统技术路线的选择就是这样做出的。

银行的核心系统，顾名思义，是银行最重要的业务IT系统，提供了包括处理客户信息、存贷款产品、支付服务和总账等最重要的服务。神州信息的核心系统产品，始于2003年，不仅打破了国外厂商在市场上的垄断局面，更为国内银行的发展提供了高性能的产品支持，使国内众多中小银行得以承受核心建设费用，极大提升了国内银行科技水平。到2021年，银行核心业务系统连续多年在国内市场排名第一[①]。

但是，2013年"双11"，高并发的海量瞬时交易让我们意识到，互联网将对银行业务模式带来深刻的变革，不仅局限于单纯的渠道扩展，中国银行业也将会面临这一天。面对轰轰烈烈的互联网浪潮，神州信息内部掀起一场争论——分布式技术是否适用于银行业务？

这个现在看来已经毋庸置疑的问题，在当时却面临极大的争议。因为当时业内普遍认为，银行核心系统这种需要数据一致性非常高的关键性交易系统，分布式技术并不适用。而神州信息内部一部分技术专家认为，互联网所带来的挑战，是银行在未来所必须面对的。选择分布式，意味着抛弃原有成熟的架构体系、产品体系，重起炉灶另开张，一切从零开始。最终，采用分布式技术打造新一代核心业务系统，成为神州信息的抉择。

抉择是艰难的，并且在实际开发中，遇到的困难更大。

---

① 数据来自权威咨询机构IDC历年发布的《中国银行业IT解决方案市场份额》报告。

因为选择分布式，必须解决"事务一致性"①的问题，否则无法实现应用。银行业务场景具有高复杂性，对比互联网允许一定容错率，金融级别的分布式应用则要求分毫不差，两者难度不在同一水准，并且毫无行业经验可以借鉴。

技术团队不畏艰难，通过小心验证，大胆实践，在反复试错中，找到合理的解决方案。为解决金融场景事务一致性问题，独创了"金融分布式事务中间件 Virgo"；为解决行业分布式数据在金融领域的能力短板，研发了"数据分布式中间件 Libra"；2015年成功发布行业首个金融级分布式技术平台 Sm@rtGalaxy，从银行交易系统的视角出发，提供全面的分布式解决方案，贴合业务场景；并以此技术平台为基础，于2016年发布了行业首个商用"分布式核心业务系统"，并很快落地中关村银行、百信银行、阜新银行等多家银行。

采用"分布式＋微服务＋云原生"的前瞻设计理念，神州信息分布式核心业务系统 Sm@rtEnsemble 经过不断迭代，完善了整个分布式应用的架构体系。神州信息分布式核心业务系统大获成功，带动了国内相关科技厂商

---

① 事务一致性，是指数据库系统为完成某个实际业务逻辑，而进行一系列操作时，需要保持操作逻辑的一致。比如要操作"从张三的账户给李四的账户转100元"这个银行转账的业务逻辑，需要数据库系统执行"张三的账户扣款"和"李四的账户加钱"两个操作，如果前一个操作完成，但后一个操作没完成，整个银行的数据库就会凭空蒸发100元，这样的系统就是不可信任的。所以对银行的核心系统来说，保证事务一致性是非常重要的安全标准。

跟进，全面推进分布式技术在银行科技领域应用，也使得神州信息的金融核心服务能够从胜利走向胜利，始终处于行业龙头的地位。

对神州信息的业务来说，银行核心系统是关键的20%；对核心系统来说，"分布式"技术方向又是关键的20%。正是抓住了这两个关键的20%，神州信息的金融科技战略能够在技术上、产品上、市场上，都占据了制高点。

需要强调的是，在多变的竞争环境下，到底应该选择哪一种战略举措，还需要我们对企业所拥有的能力以及所处的外部环境进行全方位的分析评判。比如，我们需要判断企业现有的核心能力是什么。这是因为企业在选择战略举措的时候，应该聚焦自身核心能力能够充分发挥作用的经营领域。另外，企业所处行业的技术特点、生命周期以及企业在行业里的竞争地位等也是在选择战略举措时需要重点分析的因素，在此就不赘述了。

将重点举措分解到周报，确保战略落地

在通过时间管理方法找到重点举措后，如何才能保证这些举措真正落地呢？这需要我们将其层层分解，从年度计划，

到季度、月度计划,最后落地到周报(见图4-2)。

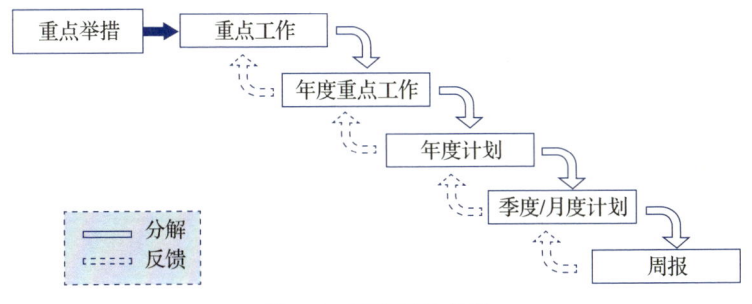

图 4-2 重点工作分解

在这个过程中,我们要运用时间管理中的二八法则,首先找到所有战略举措中20%的重点举措,对其进行分析、拆解,从中再找到20%的重点工作。按照这一方式,继续将重点工作分解为年度重点工作、年度计划、季度计划、月度计划,直到分解到周报这一层级。通过层层分解,每一个重要举措都被细化到每一周谁需要完成什么任务。战略不再是虚无缥缈的愿景,而是可以落地成每个人每天的日常工作,无论是一次拜访、一个会议,还是一个文档,都是承接于重点工作内容和服务于公司战略的,战略落地自然就成了水到渠成的事情。

神州信息某行业产品的营销工作就是这样实现战略落地的。

神州信息在20多年信息化、数字化的建设历程中,积累了非常深厚的解决方案能力,这不仅仅得益于公司的技术实力，也与营销团队的战略分解和落地执行密不可分。5年前，在集中拓展某行业市场期间，营销团队在进行了业务现状分析、市场分析、客户分析、团队分析后，制订了三年发展策略——MKSB计划（见表4-1）。

表4-1 三年MKSB计划

	第一年	第二年	第三年
M计划：新客户拓展	至少完成5家新客户拓展，签约金额2000万元	至少完成10家新客户拓展，签约金额4000万元	每年至少完成15家新客户拓展，签约金额6000万元
K计划：大客户营销	实现3家千万级大客户签约	实现8家千万级大客户签约	实现15家千万级大客户签约
S计划：战略项目赢单	打下5个重点项目	打下8个重点项目	打下12个重点项目
B计划：解决方案均衡销售	重点拓展A业务	重点拓展A、B业务	重点拓展A、B业务

上述拆解制订的年度计划，紧接着又被分解为季度计划、工作周报，这样一来，营销团队的每一个成员对自己每周的工作任务都非常清晰，并且在周报中及时反馈自己的任务执行情况，各级管理者们通过周报就能对营销战略的落地情况进行追踪、监督，确保其有条不紊地推进。

经过3年脚踏实地地执行，该营销团队超额完成了三年规划目标,也为该行业解决方案的市场发展奠定了坚实的基础。

将重点举措层层分解到周报,可以发挥三方面的作用。

首先,确保各级管理者的重点工作都围绕战略举措而展开,而不是陷入"部门细分化"的陷阱,只关注自己的"一亩三分地"。

其次,通过各级计划和报告,各级管理者做出公开承诺,在战略性工作上投入充足的时间。

最后,通过层层分解,并进行较高频率的书面沟通,整个组织能够以战略为核心,进行工作双向异步化的沟通、复盘和校准,而不拘泥于场所和时间。

这个分解的动作,在企业管理中属于常规操作,但要做好却并非易事。根据我的实践,要想真正做到层层分解、使战略落地,管理者需要特别关注以下几个影响因素。

1. 组织结构的匹配度

合适的组织结构能将人们凝聚在一起协作,而不合适的组织结构会使团队协作变得异常困难。因此,我们在进行重点工作分解的时候,需要将组织结构的匹配度考虑在内,尤其要注意各级负责人的战略匹配度,因为管理者的管理理念、工作经验、思维模式、学习能力、行为偏好等都会直接影响战略工作的执行。

如果是较为重大的战略变革，还需要进行相应的组织结构变革，如此方能使战略决策与组织结构产生双向的正面影响，而不是互相掣肘、互为阻碍。

2. 战略认知的共识度

要想在加速变化的市场环境中保持竞争力，高效达成组织共识是企业必不可少的核心能力。但是，在企业中，各层级人员的关注点和价值诉求是不同的，越基层的人员，往往越关注短期利益和局部利益。而要使战略有效执行，必须争取大多数人的支持和行动承诺，所以各级管理者对战略的共识异常重要。

达成共识的方法和手段很多，比如塑造统一的企业文化和价值观。优秀的企业大多会形成一个长期坚持的价值观，并适时升级。戴尔公司的价值观是"戴尔通过重视事实与数据，建立对自我负责的信念来凝聚所有戴尔人"。福特汽车的价值观是"客户满意至上，生产大多数人买得起的汽车"。联合利华的价值观是"以最高企业行为标准对待员工、消费者、社会和我们所生活的世界"。而神州数码初代价值观为"责任、激情、创新、共享"，面向数字化时代，我们进一步升级为"成就客户、创造价值、追求卓越、开放共赢"。再比如，建立共同愿景，让员工看到希望，而且，对关键路径有清晰的表述，能让人看后就明白要做什么。同时，还要关注关键人群的共识，通过关键少数带动大多数。

3. 反馈调整的敏捷性

战略制定后就要坚决执行，但是我们并不能保证计划是绝对正确的，所以在执行过程中，我们需要根据各方反馈的信息以及外部环境的变化对各项举措进行适当调整。敏捷性是现代企业必备的重要能力，也是企业所面临的一大挑战，它要求各级组织成员具有对周围环境潜在变化的警惕性，并要求组织对快速变化有快速配置资源的能力，这并不易实现。这也是我倡导神州数码全体员工写工作周报的原因。在工作周报里，员工不但可以反馈日常工作的进展，还可以写下自己的观察和思考，供上下级和协作伙伴进行参考。

实际上，战略从规划到落地，不在于怎么设想，而在于怎么实践。企业是实践出来的，不是规划出来的。我们要在战略落地的过程中不断重新审视战略，不断对实践进行总结。而在实践的过程中，我们要意识到任何事情都是有反复的，都会有起伏，要敢于否定之否定，要有一种批评与自我批评的态度，要正确对待彼此之间的思想交锋和思想交流。

敲好鼓点，战略执行无偏差

在战略执行的过程中，很多管理者会忽视一个关键的步骤：从公司战略出发，对照每天、每周及每月做的事情和年初制定的重要工作之间是否有关系，检视是否将主要精力放在每年的重要工作上。

这个步骤非常重要，是确保战略执行始终沿着既定轨道进行的有效方式。

具体来说，一方面，管理者要通过"拉条子"把工作分解成每日计划、每周计划，再将周计划变成月计划、季度计划和年度计划，从小到大，对工作进行时间管理的计划。另一方面，日计划、周计划、季度计划和年度计划的制订，都需要与战略规划和实际实施相对照，才能决定每项工作的重要性和紧急程度。也就是说，工作的重要程度，要从大到小来看。

以上步骤也是战略管理中的战略调整过程，也就是根据企业情况制定战略和发展变化，参照实际经营事实、变化的经营环境、新的思维和新的机会，及时对战略执行方式进行对照、调整、纠偏的过程。

在这个过程中，管理者也许会发现手中的工作和年初制定的重要工作目标之间关系很弱，甚至没有关系。这时就要及时调整工作。从这个角度来说，为什么很多战略规划无法落地和执行？是因为缺少回归，缺少与战略规划进行对照、检查的环节。那么，应当如何检查？由谁来检查？作为管理者，很重要的一项工作就是敲鼓点，检查战略进度。管理就像带领一支军队作战。"击鼓则进，鸣金则退"，中国古时以击鼓来督促、指挥士兵进军,将军用鼓声来传递指挥信号、指挥信息,管理者也应及时"敲鼓"。

为了做好重点工作的推进工作,神州数码每年都会按时间节奏召开会议。开年的启动会上,要讲年度规划和重点工作,打响发令枪。接着,从周例会到月例会、季度总结会,再到半年总结会、全年总结会,通过这些会议,不断地回顾重点工作在每个阶段的进展情况,进行总结,出现偏差就及时调整。这是一个根据战略部署有计划、有章法的推进流程。这些会议的组织者是各级领导,他们通过调整鼓点节奏,敲好重音,结合时间管理,用不断迭代、"拉条子"的方式来解决战略规划和战略实施之间的落差,及时调整工作方向,确保战略执行不出现偏差。

比如,在推进某项创新业务时,神州数码就用"敲鼓点"的方式对业务进行统筹推进。

> 为了推进公司的某项创新业务,公司的一位副总裁牵头在组织体系层成立领导小组,作为创新业务推进的核心团队。同时,确定某业务团队,全面承接此项战略任务,并明确相应的责任人。
>
> 在工作机制层面,制定了年度目标,并按季度、月度、周不同的时间颗粒度分别进行相应的节奏把控。

- 年度：规划与总结、目标设定、组织结构调优。
- 季度：领导小组全员会议。
- 月度：工作总结月报。
- 周：周例会、负责人周报（抄送领导小组相关人）。
- 不定期：重要客户拜访、专题工作会。

通过上述不同时间维度的动作，能把控新业务落地过程的节奏。无论是通过技术分享会、业务介绍会、厂商交流会等形式，调动销售热情；还是签约高峰期，频繁拜访客户，协助项目落单；或是跨行业客户的重心转移，都体现了非常好的组织管控能力。

管理者召开月度会议、季度会议就是在敲鼓点，检查这个时间节点，成员是否把应该做的事情完成了，是否与战略目标相一致，是否找到了工作的重音。那么，这个鼓点要怎样敲，才能敲得正确，才能把时间节奏把握好？

大家都知道"一鼓作气"这个成语，春秋时期的鲁国与齐国的长勺之战，在《左传·庄公十年》中记录了"夫战，勇气也。一鼓作气，再而衰，三而竭。"按照这一典故，领导者选择敲鼓点的节奏和时机，应建立在对敌我双方的军力变化、士气涨落、外部环境变化等多种因素的仔细观察、综合分析和准确判断的基础上。

发扬"钉钉子"精神，形成战略势能

"干事业要有钉钉子精神"，这是习近平新时代中国特色社会主义思想中的一个重要方法论。"我们要有钉钉子的精神，钉钉子往往不是一锤子就能钉好的，而是要一锤一锤接着敲，直到把钉子钉实钉牢，钉牢一颗再钉下一颗，不断钉下去，必然大有成效。如果东一榔头西一棒子，结果很可能是一颗钉子都钉不上、钉不牢。"钉钉子，是定力、韧劲和实干的有机结合。只有方向准、韧劲足、真抓实干，才能把钉子钉准、钉正、钉牢。

在战略管理中，我们也要发扬"钉钉子"的精神，形成战略势能，再把战略势能转化为发展动能。

什么是战略势能？《孙子兵法·势篇》中说："激水之疾，至于漂石者，势也。鸷鸟之疾，至于毁折者，节也。是故善战者，其势险，其节短。势如扩弩，节如发机。"这句话的意思是，湍急的流水疾驰奔泻，甚至能让硕大的石头漂动，是因为水流的冲击力形成了势能；鸷鸟速度飞快，以致能迅速捕杀锁定的鸟兽，是因为它掌握了急促的节奏。因此，善于作战的指挥者，也一定是能够制造险峻势态的人，进攻的节奏必然是极度短促的。善战者所造成的"势险"就如同拉满弓弩一样，随时可以发射，进攻的节奏就如同扣动弩机那样，突然就可以发生。对企业而言，战略势能就是在竞争中形成明显的相对优势，在市场上拥有势不可挡的力量。

要形成这种战略势能，最重要的一点是要把公司的资源集中在战略的核心点上。为什么钉子能有很大穿透力，可以在木头中插得很深？是因为钉子能把力量集中在一个点，把能量尽量聚焦起来。好的企业也与钉子类似，一定要在预期时间内把资源和力量集中在一个点，形成聚焦、突破，让企业自身的能量无限扩大。

神州信息在国内银行核心业务、渠道管理解决方案领域的市场占有率连续 8 年蝉联冠军，如今已成长为金融科技全产业链综合服务商，年营收突破百亿元。之所以能创造这样的成绩，与其以标杆产品为钉子，聚集优势兵力赢得重要客户的重点项目有很大关系。

数据模型管控解决方案是神州信息的一个重要产品，为了将其"钉"在某股份制银行，项目团队启动了首个数据建模国产化项目。团队充分认识到该项目对公司金融科技战略的重要意义，在早期便投入重兵，在过程中采用敏捷开发模式，以看板方式进行项目管理，最终不但攻克了实体建模性能瓶颈，还打破了国外软件独占国内数据建模市场的局面，打造出服务银行数字化转型实践的利刃。

数据资产平台解决方案也是神州信息打造的一个有

竞争力的产品，为了将其"钉"在 N 银行，团队集中了优秀骨干，研发和交付同步推进，实现了产品 1.0 版本的顺利上线，当年就为公司带来可观的业务量。

数据中台解决方案是神州信息的另一个"钉子"，公司把骨干投到该项目上不断打磨产品，其中一个子项目攻克难度大，专家团队驻场奋战 60 多天，终于保证上线。最终，数据工具基本实现自研，POC（Proof of Concept，概念验证）后大量稳定性功能持续迭代。这个解决方案不但获得了 C 银行的认可，还迅速在市场上复制推广。

那么，怎么才能发扬"钉钉子"精神？

1. 把时间放在大事上，明白把"钉子"钉在哪里

要做到这一点，前提是弄清楚何为大事。与企业战略目标相关的事都是大事、重要的事。在企业管理中，"目标""战略"是经常被提起的词语，但很多人觉得这些词跟自己的工作没有什么关系。其实不然，只有企业中每个人、每个部门真正落实了"以战略目标为导向的时间管理"，从上到下都有战略思维和战略意识，投入的工作时间都和战略相关，才能集中资源攻打目标，形成"压强"，做到阶段性突破。否则，大量的时间和人力资源都会被浪费掉。

在企业发展的不同过程中，重要事情的定义是不断变换的。以神州数码为例，分拆初期的第一个五年重点要解决的是稳定队伍、发展业务的问题；第二个五年重点要解决的是走通服务业务转型的难题；第三个五年重点要解决的是拓展可利用的资本平台的问题；而第四个五年，又面临新一个阶段的业务转型问题，并且要在前一个五年的基础上，解决企业集团内部的协同和管理问题。与这些重点工作相匹配的，是主要领导的重点精力和时间分配。在不同的阶段，选择把自己的注意力投入到哪些事情上去，就是钉子精神的要义。

2. 集中力量处理大事，明确怎么"钉钉子"

没有压强和压力，钉子直接掉下来，肯定什么东西也插不进去，但用大拇指一按，钉子就可以穿透很厚的纸甚至木板。这就是压强和压力在起作用，把所有的力量都集中到了一个点上。处理很多事情也遵循同样道理，能快速地把力量集中起来，是非常重要的一项技能。钉子之所以能钉进木板，是因为目标小，力度适当。把一枚钉子钉到木板里，需要反复敲打，这个过程，正是我们不断锤炼的过程，一步一步循序渐进攻破难关的过程。

举例来说，一个学生的能力常常反映在能不能快速把注意力集中在一个点上，不受外界干扰。认知科学领域的学者认为，注意力是学习能力的根本，也是最重要的智力因素。也有人工智能科学家在机器学习领域建立注意力模型，让计算机系统模拟人的智慧。对一个人来说，注意力集中的能力，会决定他的学习效果；对一个机器学习模型来说，提高注意力能够提高效率；而对一个企业来说，注意力就是战略聚焦。越聚焦到战略核心上，业务发展的效果就会越好。

对于重要的事情，还要有持续的思考。事实上，思考是一个很自主的过程，无须很多外界条件，无论是在吃饭、等车还是散步、跑步，只要愿意，都可以将自己的思维集中到想要思考的重点问题上。当人对一件事情有了持续的思考，并形成独立有见地的见解，就一定程度上具备了领导力。我们观察一个领导的水平，从他的演讲就可见一斑。如果一个干部可以将自己的重点工作脱稿讲得很明白，说明他已经对这个问题思考了很长时间，起码是一个负责任的干部。反之，如果凡是演讲，必须念稿，说明他对这些事情并无把握。

退出画面看画，定期总结纠偏

我们欣赏油画的时候，近看一片模糊，退到更远的距离，才能看明白它构图的层次结构。离得很近，凌乱斑驳的色块会分散我们对整体画面的注意力。退得远点，就能明白色块间明暗的相互衬托，再远点，才能知道整幅画想表达的意思。

同样的道理，在战略执行的过程中，常常会出现"当局者迷"的情况，这是很多管理者会遇到的困局。我们依据对客观环境的了解，以及对未来趋势的判断，制定了公司的战略规划，并通过重点举措层层分解，落地执行。在这个过程中，不可避免地会有客观环境的变化，以及新的决策信息冒出来，如果我们一直陷在执行的细节里，不去关注周遭的变化，就会被突如其来的竞争对手杀得毫无还手之力。

因此，战略管理，除了前瞻的规划、优秀的执行，还需要不断地退出画面看画。我们要时刻保持宏观视野，要对经济社会发展中的巨大不确定性事件保持警惕。同时，还要定期检查在战略制定时考虑的假设条件是不是正确，如存在错误，或者假设出现了变化，就要及时调整战略。

这么多年来，我一直在研究和关注两个规律：一是产业发展规律，力争在产业变化之前卡位，15年前的IT服务业务是如此，10年前的智慧城市也如是，5年前的云计算、大数据还是如此，现在的云原生、数字原生也是如此；二是企业内部管理规律，比如如何建设团队、制度、流程和文化。这些规律正是跳出具体业务和琐碎管理事项后，抽象出的企业管理本质。这种周期性"退出画面看画"的过程，其实就是企业做战略规划迭代的过程，也是一种周期性总结。

自2000年从联想分拆至今，神州数码的战略每

3～5年都会调整和深化。从第一个五年的"电子商务四段论",第二个五年的"IT服务随需而动",到让大众认知我们的"智慧城市",到"云、大数据和自主可控",再到今天的"云原生、数字原生、金融科技"。尽管在不同阶段,我们的战略有不同的表达方式,有各自的侧重点,但是制定战略的出发点是高度一致的。我们都是在"数字中国"的道路上,用前沿的IT技术,去提供符合当时经济社会需求的数字化服务。

这个"退出画面看画"的过程,除了检视外部的环境变化,还要总结自身。这样的总结,既包括对一件事情结果进行分析,也包括对工作过程进行深入解剖;既要分享成功的喜悦,更要对失败教训进行总结与交流。通过回顾目标、复盘实现路径,以实现对达成目标的关键要素的清晰认识。通过这样的总结分析,我们不断地深化修订目标、路径、里程碑,进而修订行动措施,更好地把握业务发展的脉络与规律,不断提升组织系统思考的能力,对内强化能力,对外体现竞争优势。

在实现企业愿景的道路上,战略管理是一个持续改善的过程,不可能毕其功于一役。我们要在一次次的战略制定、战略执行、战略迭代中,不断反思,对战略进行连续的更新与重塑,这会是一个持续的、迭代往复的过程。

第五章

以时间管理提升项目管理效率

时间管理是项目管理的灵魂

重点的战略举措,如果规划好合适的执行时机,就会以重点工作的形式,演变为一个个具体的项目或项目集,支撑战略实现。

其实,项目及项目管理工作古已有之,中国的长城、大运河,埃及的金字塔,无一不是工程项目管理的典范。但将项目管理作为一个学科来进行研究,始于第二次世界大战之后。曼哈顿计划的成功,现代系统工程管理的方法应用,使项目管理作为一门值得研究的学科,开始广泛为人所知。

20世纪50年代,美国海军"北极星"导弹核潜艇应急项目中,采用了计划评审技术(Program Evaluation and Review Technique,PERT),使研制计划周期缩短了20%～25%,提前两年完成任务,为航天项目管理提供了系统工程方法论;60年代,"阿波罗"载人登月计划中,应用关键路径法(Critical Path Method,CPM)和计划评审技术取得了巨大的成功。从国防、军工,到航天航空领域,项目管理的应用范围越来越广。

同时，随着欧洲的国际项目管理协会（International Project Management Association，IPMA）和美国项目管理协会（Project Management Institute，PMI）相继成立，大学开始设立项目管理的研究学科，标准、知识体系、认证考试、课程……相继涌现，项目管理学科的内容日渐丰富充盈。

随着项目这个概念深入人心，它的含义已经从原来的工程项目扩展到 IT 项目，又扩展到商务类型的工作以及职能类型的工作中。只要不是常规的、日常做的事情，我们通常便会称之为项目，比如某个投资并购项目、某个市场活动项目，也都时有提及。

对于传统意义上的工程技术类项目，专业项目管理人员有诸多的参考书和认证课程去学习，要遵循比较严格的项目管理流程；而对于从事其他非技术类工作的人员来说，需要的是掌握项目管理的思维方式，将阶段性的、临时性的工作，进行项目化的高效管理，输出可靠的成果。针对日常运营工作，我们也可以将工作划分成一个又一个阶段性项目，或组织一场又一场的战役，借假修真，通过阶段性目标的达成促进整体工作业绩的提升。

常见的项目管理定义来自 PMBOK[①]：项目是指为创造独特

---

① 项目管理协会.项目管理知识体系指南（PMBOK 指南）[M].北京：电子工业出版社，2018.

的产品、服务或成果而进行的临时性工作；项目管理就是将知识、技能、工具与技术应用于项目活动，以满足项目的要求。不过，我更倾向于认为，项目管理是以时间为基准的多目标系统管理，其中有三个关键点，一是时间基准，二是多目标，三是系统管理。

1. 时间基准

因为项目类工作的一大核心边界是时间限制，所以时间管理就成为项目管理中最重要的一个组成部分。这一要素，也即PMBOK中所提的"临时性"，时间基准就把项目管理工作与企业日常的运营工作区分了开来。在时间基准下，平衡好质量与成本，将项目成功交付，是项目管理的重要内容。

2. 多目标

多目标同样是项目管理的重要特征。时间固然是重要的维度，但要交付项目成果，团队需要在由时间、成本、质量所组成的三角框架上达成平衡。这三者是我们常说的项目管理铁三角，或称项目管理三要素。现实中，多快好省的项目是不存在的，大部分项目在这三者间要有所取舍。要选定最重要的要素，需要仔细揣酌项目干系人的真实需求，这个需求有明的，也有暗的。对于最重要的要素，我们要花最大的精力去保障。

维系好这三者的平衡涉及项目执行中的一些具体策略，相关方法论与工具很多，在此不再赘述。

3. 系统管理

项目管理还是一项系统工程。系统是指由一些相互关联、相互作用、相互影响的组织部分构成并具有某些功能的整体。恩格斯在《路德维希·费尔巴哈和德国古典哲学的终结》中说："一个伟大的基本思想，即认为世界不是一成不变的事物的集合体，而是过程的集合体。其中各个似乎稳定的事物以及它们在我们头脑中的思想反映即概念，都处在生成和灭亡的不断变化中。在这种变化中，前进的发展，不管一切表面的偶然性，也不管一切暂时的倒退，终究会给自己开辟出道路。"这段话被看作是系统工程的发端，是一种哲学的表述。

系统科学的发展与项目管理几乎是同步的，与之伴随发展的还有运筹学、控制论等学科内容。随着人类知识系统愈加复杂，人们对复杂系统的研究日渐投入，且不光局限于科学技术领域，还拓展到了社会学、经济学等领域。项目管理的过程，具有系统性的特征，都包含若干组成部分，且相互之间互相影响，各部分交织、耦合到一起，形成了一个整体的系统输出，那就是项目的交付成果。

系统工程的执行过程，不是简单的整体论，或者还原论，而是要将二者相结合。既能把系统拆解成各个组成部分，还要能搞清各部分之间的影响关系。分析往细处，目标看整体，这样小中见大、整体考虑，才能将项目系统的输入转变为期望中的项目目标输出。特别是，在项目管理的过程中，如果不注意其系统性的特点，忽略其中的关键组成部分，就可能对项目产出带来系统性的风险。

项目管理是一种有效的管理方法，对企业具有重要意义。

第一，促进业务顺利开展。良好的项目管理有效调配资源，实现企业中人、财、物以及时间等各种资源的优化配置，从而保证项目进度，保障项目质量，提高工作效率，使企业的各项业务尤其是核心业务得以顺利开展，使企业的战略目标更好地达成。而且，在项目运行中，管理者能及时发现员工能力的短板，及时对其进行相应的培训，提升员工的专业素质，提高企业的整体能力和市场竞争力。

第二，改善企业内部沟通。在企业中，员工与员工之间、部门与部门之间的有效沟通一直是一个难题，而有效的项目管理能降低协作的复杂性、提高透明度并确保问责制，即使在跨团队或跨部门工作时也是如此。这样一来，组织内部就能实现更好的协同。

第三，做出更好的业务决策。在项目管理过程中，记录项目的进展情况是必不可少的，由此管理者就能更深入地了解使用了哪些资源，这些资源都用于哪里，需要优先考虑哪些事项，需要如何来安排时间，以及项目是否存在偏离轨道的风险。这使管理者能够在问题出现之前就未雨绸缪，从而做出更好的业务决策。

第四，使成功得到复制。如何将某个业务的成功复制到其他业务上是困扰很多企业的难点，而项目管理却能帮助它们找到答案。通过使用以前项目的数据和经验，能够确定团队在哪些方面表现出色，以及在哪些方面有改进的空间。通过衡量KPI，可以创建和跟踪个性化基准，以了解团队怎样逐个项目地执行，从而复制团队的成功。

在神州数码，项目管理在工作中发挥着巨大的作用，比如，预备启动某项战略创新业务时，集团除了指派两位原有业务极其出色的经理人作为新业务的负责人，并没有相关人才储备。所以，搭建班子、组建团队，就成为新上任的招聘总监的头号任务。为了业务的顺利推进，招聘总监决定采用项目制的方式来进行招聘工作的实施，项目代号为K。我们来看看这个项目是如何开展的。

为了对项目进行有效管理，招聘总监小杨对K项目的各个关键点进行了分析、总结。

项目目标——K项目的目标分为两部分，可用A目标和B目标指代。A目标是指为创新业务搭建核心班子，需要找到并吸引相关的行业专家。B目标是搭建业务的执行团队，需要批量化专业人才的引进，帮助新业务迅速进入常态化运作状态，这些专业人才也分为两级，一类是经理级 B1（承担管理职责），另一类是普通专业人员 B2。

进度要求——与项目目标同时明确的，还有项目完成的时间。时间节奏卡得非常紧张，需要在半年内完成 A 目标，2 个月内完成 B 目标。之所以 B 要先行完成，是因为关键岗位对人才的要求更高，对应的人才适配难度也更高。而为了支持业务快速走上轨道，需要先把 B 目标涵盖的专业化人才队伍先补齐。

任务分解——同其他项目一样，K 项目也需要做工作量估算和任务分解。从全流程来看，一个人才的入职遵循这样的流程：招聘需求沟通（业务端和人选端）→简历筛选→人才测评→初试→复试→offer 审批→入职体检→入职办理。估算招聘工作量并做好时间计划，要着重考虑简历筛选及面试的转化率，为此，小杨采用了数据漏斗的办法。例如，某岗位需一个月到岗 10 人，按照简历合格率 10%、面试录取率 10% 的数据推算，就需要面试 100 人，推荐简历 1000 份。这样就倒推出每日的简历推荐量为 50 份，每周需安排面试 25 人，并且每周需发 offer3 个（留有一定冗余，防止有人拒接 offer）。

项目团队——面对时间紧、任务重的项目难题，传统的一个招聘 HR 负责一个 BG（业务单元）的招聘模式显然已经不能适用了。小杨想到了组建虚拟团队的办法。通过成立创新人才引进项目组，在 K 项目人才招聘的前期和高峰期，引入总部的招聘人员共同参与。这样能够在尽量不影响集团其他业务招聘进度的情况下，多人共同推进人才引进这个项目。

人员分工——经过多方沟通协调，项目组成立了起来，共有 6 人。其中，招聘总监小杨担任项目经理，负责整体推进项目，以及 A 目标的全流程招聘执行；新业务招聘负责人小林，负责 B1 类人才的全流程招聘，并作为招聘项目组面向创新业务团队的总体接口人，与他们进行沟通需求、推送简历等工作，同时也辅助小杨做一部分 A 类人才的筛选；从总部抽调的虚拟项目组成员 4 人，他们负责在保障各自原有招聘工作推进的前提下，完成 B2 类人员的招聘全流程工作。

项目过程管理——为了保证项目结果，小杨进行了严格的过程管控，她会在每晚六点召开项目进展例会，跟进大家的当天进度，如有异常，会当天安排解决，问题坚决不拖过夜。

难题及对策——招聘过程中，遇到了不少难题。比如关键岗位的候选人稀缺问题，即使开放了全渠道招聘寻访，尤其是猎头渠道，但是人选依然很少。后来，是通过定向mapping（人才地图绘制）寻访沟通，才找到了合适的人选。但让他们从成熟公司跳槽到我们的初创业务，他们有很大的顾虑，于是，小杨通过与部门负责人一起梳理业务亮点，让部门负责人共同进行人才吸引，成功克服了这类困难。

除了关键岗位人才，专业岗人才招聘也遇到了不少阻力。比如疫情导致的线下面试受阻，为此，小杨启用了线上视频面试模块，提升了面试效率；再比如，主流招聘渠道在地方区域引流不佳的问题，小杨通过开通当地的人才网站并置顶宣传，获得了较好的人才引流。

项目执行成果——经过半年的努力，项目组出色完成了任务，达成了全部的预期成果。同时，整体创新业务的招聘全部由项目工作组成员自主招聘完成，没有动用猎头，整体为公司省下了上百万元的招聘渠道费用。

项目复盘——回顾整个项目运行过程，成功的关键因素有两个。

一是项目的过程管理，及时进行不同角度的信息同步、协同和反馈，及时解决问题。如异地每日进度、项目团队每日进展、与业务部门每周同步招聘进展等。

二是针对不同的招聘需求用不同的策略。A目标针对关键岗位，慢即是快，锁定目标公司不放弃，通过行业头部公司定向寻访，成功引进了核心班子成员。B目标针对批量专业岗位，高效协同，虚拟项目组齐心协力，按数据漏斗的模式快速推进。

在半年后，这个创新项目的招聘进入了常态化工作阶段，其成功的项目管理为项目组成员和公司都留下了宝贵的经验，未来神州数码再出现大量紧急需求的项目，就可以复制这样的经验，帮助业务迅速进入状态。

在项目管理中，时间管理的目标和内容主要集中在为项目的各项活动分配时间资源，对项目的进度和最终完成进行把控。通常来说，项目都有一个非常具有挑战性的时间目标和进度安排。很多项目的最终商业目标也与时间有关。比如，绝大部分新产品开发项目都要求满足市场的时间窗口。因此，有效利用好时间这一独特的资源，是项目成功的关键，而时间管理则是项目管理的重中之重。

做好时间规划，确保项目进度

由于项目要在规定时间内产出成果，对"时间用到哪儿"的规划就非常重要了。我们需要知道哪些时间花到哪些地方，产出了哪些成果，这些成果最后会产出为项目的总体成果。

在项目目标和实施范围明确的前提下,项目进度的时间规划通常包括四方面:
- 拆解工作任务;
- 评估任务所需资源;
- 排列任务优先级;
- 工作计划及进度安排。

对于上述四项内容,我们逐一说明。

1. 拆解工作任务

工作任务拆解要将项目所需的工作和最终交付成果进行拆解,使其成为可执行的活动,以及可衡量的阶段性成果,形成工作分解结构(WBS)。最好将所有工作都列成一个明确的任务清单,发放给项目团队的每一个成员,使所有人都了解有多少工作需要处理。

这种拆解不是简单的线性分解(比如将1000万元的利润分配给5个销售负责人),而是在考虑项目相关背景因素后进行的拆解,相关因素包括项目类别、需求、工作流程、组织结构等。拆解依据的方式有多种,包括但不限于交付物的物理或功能结构、项目子目标、实施过程、项目分布区域、组织、职能等。

任务拆解的过程,要遵循三个原则,一是目标导向原则,要围绕工作产出来拆解,再将产出对应成工作任务(PMBOK

中称之为活动），而不是直接就开始罗列任务内容；二是MECE（相互独立，完全穷尽）原则，拆解的工作任务要做到不重不漏。当然，由于项目在行进过程中时常发生变更，所以我们在拆解的时候，还要遵循"近细远粗"的原则，以节约规划的时间。

2. 评估任务所需资源

对于拆解后的工作内容，我们需要进行评估，看看每项任务需要花费的人工、时间、物料、资金等。与进度相关度最高的是时间估算，这也是任务评估过程中最难的一个环节。相对而言，有经验的管理者能够对时间做出更准确的估算。但如果我们对于一个新项目，并无充分的经验来进行时间资源的预估，那么，就要在预估工作量时留下一些冗余，给未来调整时间计划留下一些储备。

对于任务所需时间的估计，与成本估计类似，有以下三种常用的方式。

- 类比法：类比有相似性的其他项目，这从本质上来说是一种专家判断，也可以称为自上而下的估计法。
- 功能点法：也称自下而上法，把项目进行详细分解，对每个活动进行成本估算，汇总得到时间或成本的总数。
- 三点法：从最乐观、最可能、最悲观这三种方向上分别进行估算。

中高层管理者在进行评估时，要仔细倾听基层管理者的意见，他们的丰富经验是企业的宝贵财富，也是组织的知识资产。神州数码致力于搭建数字中台，其中一个目的就是沉淀组织的这些知识资产，让项目运行积累下来的真实数据，逐步发挥辅助决策的效用。

3. 排列任务优先级

要排列任务优先级，需要管理者对任务的轻重、缓急、先后等逻辑关系进行分析，特别是时间上的依赖关系，以便在既定的所有项目制约因素下获得最高的效率。华罗庚提倡的统筹法是一种可行的方法，我们可以用任务之间的依赖关系图，直观地审视各项任务之间的关系，并进行最优化的安排。

值得注意的是，在实际项目运行过程中，常常会出现一个问题：某个子项目或子任务的负责人，对于自己负责部分在总体项目中的位置，以及这个子任务前后承接的其他任务缺乏清晰的认识。如果这个人遇到其他更重要紧急的事情，便容易将主项目中他所负责的子任务延后处理，带来主项目一系列的任务延期。要避免这样的问题，管理者需要与项目各子任务的负责人充分沟通、达成共识，明确其各自负责任务的位置，这样才能在"催任务"的时候，更加主动，而不是将统筹计划变为一纸空文。

4. 工作计划及进度安排

在确定了任务内容、所需资源、任务优先级之后，我们就能够依据上述内容，对项目的整体工作做计划和进度安排了。这个安排的展现形式有很多种方式，常见的有甘特图，也有里程碑图、网络逻辑图等表达方式。但无论是哪种形式，其核心内容都是项目任务在时间维度上的表达。

在安排工作计划的时候，要注意两个要点，一是要有参与者承诺，不能在没有参与者参与的情况下直接拍板，这样对于项目未来的执行非常不利。二是时间安排应是紧张而可完成的，既不窝工又保证项目能够顺利完工。

完成了上述工作，似乎项目已经尽在掌控了。但实际上，项目执行中的计划调整，才是更困难的事情。

"按时且保质保量地完成项目"是每一位管理者的共同期待，但工期拖延的情况却时常发生。如何在项目限定的时间范围内合理安排时间，使项目及时完成呢？神州数码某软件项目应对项目工期拖延的举措或许能为大家带来一些启示。

2020年，神州数码与其他4家公司一起，共同参与承建某软件项目。为此，公司安排了1位产品经理、3位前端研发工程师、2位后端研发工程师和2位测试工程师进驻现场。

神州数码 5 月底入场，正是第二个大版本（v2.0）规划期，版本上线时间已定在 6 月 30 日。由于前期的 v1.0 版本延期一个月上线，客户已经对项目团队的能力产生了质疑。相比来自项目组外部的严峻形势，团队发现项目组内部的矛盾更不容小觑。由于项目组由多家公司组成，每家公司的项目成员也是临时选派，所以面临在沟通、磨合、责任划分上的重重困难。项目中每个人每天参加会议、同步信息的时间占 90%，剩余 10% 的时间在发生口角，办公室经常要发生争吵。而本来应该做的专业事情都需要利用晚上和周末加班来完成，成员之间相互指责、互相投诉，这种情况从项目团队组建开始持续了两个月。

项目经理只做了一个较粗的排期计划，用于给客户汇报。站在整个项目团队的角度，并没有项目分解任务的排期，所有项目成员只知道项目上线时间已经定在了 6 月 30 日。但是什么时候进行需求确认，什么时候开始研发，什么时候内测，大家一概不知。需求文档一改再改，迟迟不能与客户确认，留给后续任务的时间已经不多了。

因为需求未确认，UI（用户界面）、测试、研发工作始终处于半启动状态，项目经理只要催进度，项目组成员就开始诉苦。UI 哭诉："我也知道上线时间很紧，但是需求一直变，UI 在一天之内已经将一个页面调整了 4 个版本，前一天加班到凌晨3点，第二天中午又通知改回去，什么时候是个头啊。"测试说："v2.0版本有300多条测试用例，一个需求变了，我的测试用例就要跟着改，每天一半的时间都花在改测试用例上了，再这样下去，我看我干脆也不用下班回家了，直接在办公室打地铺。"

在项目混沌一片的情况下，项目经理组织各公司现场负责人进行探讨及研究。首先研究需求确认环节一直进行不下去的原因，通过各公司共同反映，是由一位主要负责的产品经理导致，她出于自我表现的目的，总是擅自加需求。于是项目经理决定将这位产品经理调离项目组，由另外的产品经理替代她的角色。

其次是项目排期计划，对各项任务之间的依赖关系和工作顺序进行梳理。对于项目组内部，因为项目团队较多，综合考虑了各团队资源分配、任务之间的关联性、前置条件等方面。对于项目组外部，考虑客户每个部门的配合度、专业度，以及各部门之间的协调进展。同时还要考虑项目组内部与项目组外部之间的依赖关系。

在项目经理主导梳理完各项任务之后，相关人员根据会对项目工期产生影响的因素（项目范围、资源状况、人员的能力及环境），对任务活动的完成时间做估算，继而进行进度计划排期。在进行工期估算时，由各团队资深专家进行分析、评估，参考之前类似的项目工期进行估算，同时也预留了一定比例的工时作为冗余时间应对项目执行过程中的风险，如项目组人员流动、某些线下流程变更导致的整体周期拉长等。

由此，项目组制订了上线计划看板，根据当前迭代版本中上线内容及 6 月 30 日的上线时间，制订进度计划，并在整个项目组公示。

项目在按照这个模式执行一段时间后，进度与质量都得到了有效的控制，尽管由于个别项目组成员的超期，导致 2.0 版本的上线延期了半个月，但与项目初期相比，已经有了很大的进步。

在 2.0 版本上线完成后，针对新暴露出的问题，项目经理组织全员参加回顾会议，会议上，针对个别成员超期的问题，大家一致同意实行每日例会制度。每天早上 10 点，各团队每个岗位安排 1 人在会议室参加例会，每个人限时 1 分钟时间，在会议上回答三个问题：

第一，昨天做了什么？

第二，今天计划做什么？

第三，有什么困难或是否需要他人协助？

在第一次例会上，一半的成员没适应 1 分钟限时，刚说一半就被叫停。会后大家都吸取经验，每人在会前准备汇报材料，第二次例会，所有人员都在 1 分钟时限内完成了汇报。

每日例会一般控制在 10 分钟以内，控制会议时间有两种方式：第一，采取站会形式，与会人员都站着沟通，减少说闲话及话题蔓延的可能；第二，会议中只回答上述三个问题，不进行问题的讨论，杜绝在会议上互相甩锅、攀扯。

在这一系列举措后，项目组成员密切协作，项目混沌一片的情景也再未复现。后续的迭代版本也能按照排期计划稳步上线，项目组重新获得了客户的认可。

在企业中，很多项目需要争分夺秒地完成，任何一个环节的时间耗损都有可能对其他环节造成负面影响，进而让整个项目出现延期的风险。这就是我们为什么要做好时间规划：管控好了项目时间，就等于管理好了项目进度。

管好干系人及其期望，慢就是快

在做好时间规划后，接下来就要进入项目实施阶段了。在理想情况下，在计划做得相对合理，也没有很大变更的前提下，如果能严格按照计划实施，项目就能够顺利交付。然而，项目的实施往往没有这么理想，在执行过程中，会出现各种问题：甲方参与人员配合度不高、客户对阶段性交付成果不满意、项目实施人员离职、客户提出的新增需求难以实现、需要内部横向部门的协作难以调动资源、资深员工抵触不配合、验收和回款困难……

问题层出不穷，我们要如何应对呢？

其实，通过分析不难发现，常见的项目问题都可以归为"人"的问题。如果我们能把这些与人相关的问题妥善地解决，或者预见到问题，将其扼杀在摇篮里，尽量减少冲突，项目的时间进度就会更加可控。

冲突在成为冲突之前，只是期望不一致，或者信息不对称，又或者兼而有之。这些不一致，可能是由于各自角色不同、视角不同带来的。项目管理中，对干系人的管理，就是要尽量理解这些不同的视角，并通过合适的沟通方式、频率、内容，缩小这种不一致与不对称。

一般而言，项目干系人包括发起人（为项目出资的人）、客户和用户（使用项目结果的人）、卖方（供应商）、商业合作伙伴、组织团队（与项目有关的内部团队）、职能人员（为项目提供技术与资源支持的部门人员）等。我们在此仅讨论干系最大的三方，分别是客户、团队、领导。

1. 管理客户

我们在做 2B（to business 的简称，指企业业务）项目的时候，往往会涉及客户组织内部的多个团队、多条决策链、多个干系人。我们需要识别项目关键决策链上的所有人，了解他们对项目的期望，知己知彼才能进退有度。特别是要获得最终决策者的支持，能直接沟通最好，即使不能也要做到信息畅通。要注意，这个最终决策者不是级别越高越好，而是有权力直接做出决策的人。管理客户需要做到两点，一是尽量理解并满足客户的需求，二是控制客户预期。前者是为了提高客户体验，后者是为了降低客户预期，而二者的差值，就是影响我们交付结果的客户满意度。

2. 管理团队

项目实施团队的管理，要由项目经理来做。这个项目的团队管理的过程，是我们在第二章中所讲的管理的计划、组织、协调、控制职能的典型应用场景。除一般管理都需要注意的明确分工、团队激励、以身作则等原则，与运营工作的管理相比，项目型团队管理的挑战主要来自"临时性"这个特点。

"临时性"一方面指团队的项目有时限，另一方面指团队成员组成不稳定。基于这样的特点，依据项目目标来组建合适的团队就变得非常重要，要识别项目所需关键能力，并与成员特长相匹配，形成最大合力。这样既能让团队成员有成就感，也有助于形成有结果、有交代的士气氛围。

3. 管理领导

项目管理的过程中，项目经理需要做好面向领导的向上管理。这里的领导，可能是业务线的领导，或者项目集、项目组合的负责人。项目型向上管理主要包括三方面的内容：与领导同步对项目的期望、获得领导的承诺和授权、给领导安排工作。

其中比较容易忽视的，是同步双方的项目期望这件事。这既包括了解领导对于项目的期望，也包括通过及时、合理的汇报，让领导认识到自己负责项目的重要性和价值。而比较难做的，是要管理领导的时间，通过灵活地协调领导的资源，请领导参与客户交流、评审项目方案、组织项目组交流等工作，这些工作都会对项目推动起积极的作用。

一个项目经理从初级走向成熟，在管理"人"的问题上，是需要实践去磨炼的。往往经历的事情越多，处理问题的能力就越强。上述这些原则，也只是提供了少许路标而已，真正的能力还需在事上磨。

神州信息中标 M 公司的总体架构咨询项目，客户希望通过此项目规划企业未来信息化建设蓝图。目标是建设全公司统一的信息化系统，统一标准规范、统一建设，时间要求为 6 个月。由于客户内部对建设方案存在分歧，项目进展缓慢。项目经理了解问题后，找到项目的主要干系人，通过沟通，明确了领导的诉求，加速了项目进展。由于耽搁了一些时间，项目经理又与客户一起协商，将整体项目分阶段规划和交付，并反复沟通，达成了共识。此后，项目顺利开展。整个项目组最终按照预定的时间计划，保质保量地完成了项目工作。

尽管我们在本节中着重讲的是技术型的项目管理，但实际上，项目管理是一种工作的理念和方法论体系，可以应用于几乎任何一种工作类型中。负责品牌的同事举办一场市场活动、人力资源的同事推动校园招聘、财务同事去做资产重组，这些事情都可以用项目管理的方式来运作。在管理实践中，神州数码会将每年的重点工作，用项目管理的方式推进，设定目标、里程碑，并进行项目过程管理，实践效果不错。

用好项目时间管理中的可视化工具

在项目时间管理中，可视化工具的使用能起到事半功倍的作用。可视化工具能将任务的拆解、分配、执行进度的信息进行在线、实时展示，大大提高了项目组成员沟通的效率。

从历史上来看，现代化的项目管理与信息技术的发展密不可分。自20世纪50年代后，各种软件的开发应用为项目管理的效率提升带来了非常直接的帮助。经过几十年的发展，项目管理软件已经从早期部署在大型机、小型机上的单机软件，发展为互联网协同软件，以及当前流行的云服务，使企业的项目管理如虎添翼。

可视化工具在神州数码的发展过程中也发挥了巨大的作用。

神州数码的数字中台是公司在做数字化转型过程中的重点工作,其负责人为了减少团队沟通中的时间摩擦成本,让所有的核心团队成员养成统一的工作习惯,在团队内部推广使用了在线共享日历和知识共享空间两个工具。

在线共享日历看似简单,但对团队时间管理非常有效。如果所有团队成员的日程都可以排进日程表里并互相共享,一个人要发起会议,就不用再挨个打电话或者发微信询问,这样团队整体协同效率就可以提高。

在线协作文档,可以在线同步团队内部需要周知的内容,最常用于会议纪要和任务的协商分配。它可以把会议纪要生成的决议进行结构化处理,识别出任务、责任人、截止时间,使得团队成员能够通过这些结构化的数据,跟踪管理任务的进度。与普通的单机版会议纪要相比,在线协作文档兼具对任务的记录、公示、督促、跟踪等一系列功能,对事情的推进管理非常直接。当然,在使用这些共享文件功能的时候,要注意权限设置,防止泄露商业秘密。

通过这些工具的有效使用,数字中台的团队从最开始组建时大家的茫然无措,迅速进入了高效协同的状态,为公司的数字化转型工作立下了汗马功劳。

在这里,我列举一些行之有效的可视化工具,供大家参考。

1. 甘特图

甘特图（Gantt Chart）是流行最广泛、影响最为深远的项目管理可视化工具,它是由工程师亨利·甘特（Henry Laurence Gantt）于 1910 年开发的,也叫条形图,其主要展现形式是以项目任务建立纵轴,时间为横轴,用不同颜色的条状代表计划进度和实际进度,在这个象限区域展现,用来明晰项目相关任务的开始和完成日期,包括资源、里程碑、任务和依赖项等内容。

甘特图能够清晰、直观地显示需要完成的工作和时间,以及各个资源间的相互关系,并且允许团队成员查看他们的工作与他人的工作之间的关系。因此,甘特图非常适合跟踪项目进度。除此之外,甘特图还能显示进度、资源、约束和其他相关的调度信息。

甘特图的绘制有很多方式,我们可以用 Excel 来完成（见图 5-1）,或者用 Microsoft Project 等项目管理软件。BI 软件也会提供甘特图模板,如 Power BI、Smart eVision、Tableau 等。

工作一							
	1.1 任务1						
	1.2 任务2						
	1.3 任务3						
工作二							
	2.1 任务4						
	2.2 任务5						

图 5-1 甘特图示例

2. 工作分解结构（WBS）

我们在前文中提到，在项目管理的时间规划环节，应该将工作拆解为工作分解结构（WBS），其实，这既是项目管理初期必须要做的事情，也可算是一种常用工具。

WBS 以可交付的项目成果为导向，将项目按一定的原则进行分解，把项目拆解为任务，再将任务拆解成一项项工作，再把一项项的工作分配到每个人的日常活动中，拆到不能再拆为止（见图 5-2）。

图 5-2 WBS 分解示例

WBS 是项目做进度计划、资源需求、成本预算、采购计划、风险管理等各项工作的基础。执行 WBS 的工具软件有很多，常用的 Excel、Visio、Mindmananger 等，或者用专业的项目管理软件，都可以完成。其难点在于对项目实体工作的了解，只有够专业，才能将工作拆解得合情合理。

3. 泳道图

泳道图是一种 UML[①] 活动图，也叫跨职能流程图（见图 5-3），它脱胎于传统的流程图，但是除任务之间的逻辑关系，还在横纵两个坐标系上，加入了不同部门、不同执行主体，或者不同功能区域的划分，这样能够直观展示流程的所属单元，有利于项目不同角色的干系人理解其他部分的业务逻辑。

与 WBS 分解类似，泳道图的制作，常规情况下用 Visio、StarUML 等软件即可绘制，也可通过 JIRA、ONES 等项目管理软件来完成。

在项目管理过程中，这些可视化工具能够帮助团队成员快速同步信息、达成共识。而在这类具体的图表工具之上，有应用于单体项目管理的软件，以及应用于公司和部门项目管理

---

① 统一建模语言（Unified Modeling Language，UML）是非专利的第三代建模和规约语言。UML 是一种开放的方法，用于说明、可视化、构建和编写一个正在开发的、面向对象的、软件密集系统的制品的开放方法。UML 展现了一系列最佳工程实践，这些最佳实践在对大规模、复杂系统进行建模方面，特别是在软件架构层次上已经被验证有效。

的系统，这些工具都在企业管理中发挥了巨大的作用。

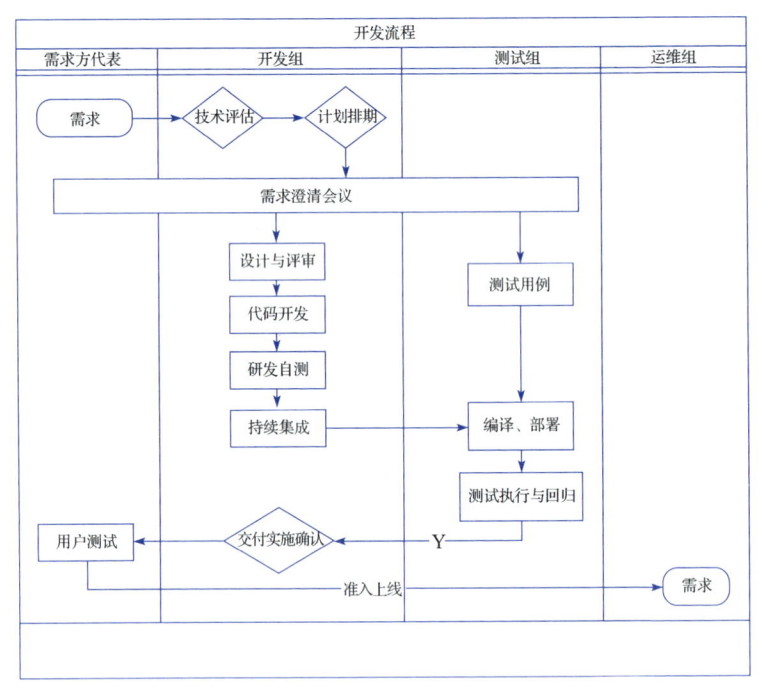

图 5-3 泳道图示例

举个例子，神州数码的协作开发工具就为 OA 团队的高效管理提供了极大的助力。

信息化管理部（以下简称 DCIT）负责全公司的信息化工作，其中有一项常规的重点工作，就是协同 OA 系统的管理。神州数码的协同 OA 平台已经建立了近 20 年，运转着上百个应用，全面支撑着公司日常管理工作的运转。在公司全面云转型的战略背景下，各部门的协作效率需要进一步提升，协同OA平台也急需从业务流程和技术框架两方面进行优化改进。在这个改进过程中，协同OA项目组一方面要配合业务部门，进行业务流程落地或重建；另一方面要将协同OA应用进行技术框架升级，从老平台向新平台进行迁移。

为保障团队重点工作的顺利落实，部门在开发资源上给予了强力支持，但从2018年年底开始，由于工作任务剧增和团队编制变化，协同OA团队管理出现了几个问题。

- 老平台开发资源紧缺。协同OA系统随业务拆分而多次拆分，加上神州数码集团财务共享中心建设需对多个老平台的财务应用进行流程改造，老平台相关运维和需求开发比往年同期有很大增量。而老平台工程师一直在逐渐缩编替换为新平台工程师，导致老平台需求排队情况严重。

- 日常并行任务增多，资源分配和管理难度加大。日常运维量大、紧急需求多、多个重点项目并行，所有任务看上去都是重要的、客户都认为自己的需求是紧急的；如何将有限的资源更合理地分配到各项工作中是一个新的挑战。

- 团队内部协作沟通不及时，风险管控滞后。由于团队成员增加、并行任务繁多、异地管理（北京、武汉两地），具体每项工作的进展汇报和处理结果经常存在延迟或遗漏；无法及时发现问题而错过早期改进机会。

团队成员的工作量统计考核缺乏客观依据。公司IT管理变更流程中的工作量是实施完成后工程师一次性填写的；因缺乏过程管理工具，考核人无法获取被考核人每项工作的实际投入时间和日常工作细节，从而无法客观评估被考核人的工作能力和工作绩效。

恰逢此时，DCIT开始在内部推广使用一款项目与事务跟踪管理工具平台，协同OA团队顺势将时间管理的方法论，利用此工具进行了有效落地，主要执行了以下动作。

（1）正确地"拉条子"：按团队的工作内容特点，将所有工作分类（模块）管理，每个分类下按不同颗粒度将所有工作分解为任务清单进行管理。

（2）合理地平衡安排：由团队管理者确认和标记系统中相关任务的优先级，动态调整重点任务的时间要求和资源分配，在现有资源下确保紧急任务的及时处理、重点工作的逐步落实。

（3）Review（复盘）和总结：团队成员按要求每天在系统的对应任务下填报当天工作内容和工作量（工作日

报功能），团队管理者能通过系统邮件通知实时看到填报内容，还可通过定制统计报表时刻关注重点任务的进度，及时发现问题并分析原因、找到解决方案，从而不断完善团队工作在系统中的管理模式。

协同 OA 团队经过半年的使用磨合，多次优化调整各项工作在系统中的管理模式，逐步缓解或解决了前文所述的几个问题。从成果来看，团队实现了从以人员为基础的管理方式向以项目和任务为基础的管理方式的转变。在团队共识的基础上，将团队认可的所有工作分解为标准任务，全面提高了团队内信息同步的效率。同时，资源的投入也实现了从模糊到精确的转变，所有任务也可以从时间管理角度进行全周期的有效跟踪控制，减少对任务执行人的依赖。此外，由于任务与时间追踪的及时性和精确性，项目成本的估算更精准了，员工考核也可以更客观。

需要注意的是，在具体的可视化工具的选择上，最新的并不一定是最好的，企业应依据行业和组织的实际情况以及自身的需求进行选择，合适的才是最有用的。

第六章

以时间管理打造组织领导力

时间管理让组织更具领导力

我们讨论时间管理，越往深处挖掘，越会发现，看似单纯的"时间管理"，背后牵涉的不仅是战略管理、项目管理，而是企业这个组织的全部，因为管理从来都不是片面的、局部的，而是系统的、整体的。

我们通过时间管理的各项工具，在组织层面强调战略的层层分解，强调重点工作的对齐，正是为了通过这些手段，加强组织的一致性，包括战略目标的一致性、价值观的一致性、管理语言的一致性、重点工作的一致性、沟通方式的一致性，通过这些主要方面的约束，来形成合力。

我们都知道，很难为企业找到一个商业制胜的通用法宝，然而，很多企业家的共识是，组织一致性在企业发展的过程中发挥着重要作用。有了组织一致性，企业才能从更高的角度来提升效率和效益。当组织在更大范围上统一思想、提升效率，组织的战斗力就会得到大幅度提升，这种执行力最终会转化为效益和利润。

组织一致性在企业中的直接体现是领导力的提升。从某种程度上来说，这正是时间管理为组织管理所创造的最大价值。

领导力为什么这么重要？大到一个国家，小到一个公司、一个部门，任何组织都需要卓越的领导者。只有卓越的领导者，才能将一个组织不断带往更高处。但问题的关键是，怎么才能找到这样卓越的领导者？或者培养出这样卓越的领导者？

在过去40年中，中国的经济发展非常迅速，企业作为市场主体一直面临着复杂的外部形势，特别是当前，问题尤为复杂。这些复杂的问题，既是挑战，又是机遇。比如全球化新趋势带来的市场供需变化，比如新冠疫情带来的工作方式变化，以及云计算和云原生、大数据和数字原生、区块链、元宇宙、人工智能等技术发展带来的产业变化。

尽管神州数码一直在做数字化的产品和服务，但仍然算不上数字原生企业。面临如此复杂的外部环境，我们要如何实现从一个非数字化原生企业向数字化原生企业的转变？如何建立适应技术快速变化的组织形式？如何抓住当前剧烈变革带来的机遇？原来适应70后、80后的管理流程和模式，如何变革以适应现在由90后、00后组成的年轻团队？

要应对所有这些挑战，我们就需要培养一个个卓越的领导者。我们的干部骨干，必须承担这样的使命，这是历史赋予我们的使命，这是时代赋予我们的使命，这也是两万多名员工赋予我们的使命，我们必须做好。

到底什么是领导力？

身份、头衔或职务并不会自动地创造领导力。领导力不是简单的服从，而是带领大家共同到要去的地方。它会在领导者与团队成员的行为互动之中展现，我们可以在各个层次、各个领域看到领导力。它存在于我们周围，在公司管理层、在政府、在军队、在球场、在课堂，甚至在每一个小家庭。它是我们做好每一件事的核心。

每个人对领导力都有不同的理解。如果试着在茫茫之中对它做出较为贴切的定义，有很多种可能：领导力是影响他人和团队实现既定目标的能力；领导力的本质是影响力；领导力是信任与相信……但无论怎样定义都不完整，都没有办法把所有人对领导力的看法统一起来。所以，我倾向于通过回答"要在一个组织里面发展领导力，究竟应该去做哪些事情"这个问题，来定义领导力。同时，要特别强调，我这里指的是一个组织里的组织领导力，而不仅仅是个人的领导力。

基于这样的想法，我尝试着总结了领导力的四要素模型（见图6-1）。

领导力 = 势能 × 传导 × 机制 × 纪律

图 6-1 领导力四要素模型

势能、传导、激励机制、纪律这四个要素是组织领导力的核心内涵。

领导要能引领，这就需要有很高的势能。为什么下级要服从上级？因为上级的势能比较大，下级接收到指令必须去执行。如果下级不愿意执行，上级就需要反思，看如何提高自己的势能。榜样是有势能的，因为亲身实践最具有说服力、影响力和感召力。领导者通过在业务上的长期锻炼和积累，形成了专业能力，能更了解事情的全貌，从而更专业地分配任务，能在问题的关键点上给别人很不错的操作建议，这是让大家心服口服的关键。势能很重要的一点来自理想，来自对未来的看法。比如，我们认为未来科技要如何发展？配套的基础设施会发生什么样的变化？在各个行业如何应用？基于这些判断，我们寻找到公司未来的位置，并推动整个公司向这个方向发展，这就是视野和势能。

有了势能，就要传导，需要通过各种各样的传播沟通方式，使大家能够达成共识。势能来自对未来的看法，之后，就要将这种信念传导出去，让整个集体能够认同。团队的战斗力，类似物理学的力学原理，力的方向一致，才能形成合力，否则就会互相牵引抵消。团队中，如果能产生共识，才能有共鸣共振，才能带来强大的力量。作为领导，在方向性的意向拿出来后，选择何种方式传导下去非常重要。传导方式有很多种，培训、开会、一对一沟通、企业网站，这些都是传导方式。而所有这些方式的目的，是把方向性的、战略性的信息传导出去，让大家能够了解，能够达成共识。

要建立好的组织，还要有一个激励机制。大家的行为，不能够靠整天拿着"小鞭子"去抽，而是要让每个人都觉得，我愿意在这个体系里面,自发、自动地去做一些事情,把组织的目标与自己的目标融合在一起。这部分领导力的内容,就要求我们学会设计这种机制。

最后,组织内部要有纪律,要有非常清晰的约束。一个自然人和一个组织最大的区别就在于约束力。一个组织有没有约束力,是这个组织领导力的体现之一。纪律是哪个组织都要有的,哪怕是幼儿园的小朋友,也要教育他守纪律,养成好的行为习惯。要让他能坐得住,不乱说话,集中注意力听老师讲话,从一开始的 5 分钟、10 分钟、20 分钟,到能够坐到 40 分钟不走神,其实这就是一种约束。

真正卓越的组织不能依赖个体领导者的独奏,更应当依赖组织构建的制度体系,这个制度体系既包括正向的激励机制,也包括反向的纪律约束。如果制度体系结构合理,配置科学,程序严密,制约有效,就能形成组织的领导力,保证组织运行的正确方向。反之则会削弱组织领导力,甚至发挥负面的作用。从"人治"到"法治",是企业成长壮大之必由之路。

基于上面的这个四要素模型,我们来展开谈,如何建立势能?如何进行传导、达成共识?如何建设机制?如何明确纪律?

打造势能,相信"相信的力量"

领,是带领,是引领,领到哪里去呢?是要领到相信的地方去。所以领导力的势能就在于，能够带领团队，去相信"相信的力量"。那如何做到相信？

这要求管理者要有战略眼光，对企业未来的发展路径有全面的认识，对发展中可能面临的重大问题做到通盘考虑，从而对隐患和危机进行有效的把控。要能够带领大家找到一种规律，并利用这种规律，使每个人的价值得到最大化发挥，这是非常重要的。

为什么说势能很重要？从某种意义上讲，势能首先是领导者的意识。能不能向同事展示你所看到的东西？如果只有自己能看到，而无法让别人看到，无法让别人相信，是无法影响别人的。

势能从哪里来呢？首先是权力，特别是职务明确的权力，这是保证势能的条件。公司里每个人都有一个自己的职务，职务分等级，有总裁、总经理、总监……这些不同等级的职务意味着什么？意味着承担的责任不同，也意味着对应的权力不同。有很多人强调非权力的领导力，鼓励无边界的平等和自由，但我认为，我们不应当回避职务权力。无论从哪个角度讲，职务权力都是领导力势能最基础的保证。上级因为要承担责任，就对下级负有管理的责任和权力。而下级对上级，可以发表自己不同的见解，但必须执行上级的命令。

我们经常会听到管理者抱怨，下面的人不听他的话。其实首先要反思自己的领导力出了什么问题，为什么会出现这样的问题？应该如何去解决它？抱怨是解决不了问题的，我们必须把问题解决掉，只有保证这样最基本的、职务权力层面的服从，才能保证整个组织的高效运行。如果连这一点都做不到，那根本就谈不上是这个组织的领导者。

事实上，职务带来的权力，很多时候并不一定能带来权威和无条件的服从。以我自己为例，也经常会面临挑战。比如说我想组织开一个会，某某说为了什么事请假，批还是不批？批了意味着我没什么权威性，公司董事长开个会都凑不齐人，还有什么权威？但是如果不批，又有别的问题。比如有的时候是紧急的私事，如果不批，显得不近人情。有的时候是因为要见客户，我们又强调以客户为中心，如果不批，显得我们内部行政任务太多、太乱，耽误业务。类似的问题，经常会遇到。

这也是我们非常强调时间管理的原因之一。如果我们能把大家的时间都管理好，避免发生这样的事，把会开起来了，既完成了协同，也体现了领导的权威性。这看起来是一件小事，但是这样很好的时间管理过程，可以成为建立权威的过程。而如果不考虑客观规律，非要强迫打乱别人的节奏，那会就是开不起来，也没办法，最后就只能是"自己打自己的脸"。

我们要知道，即使是领导，也不能够随便打扰大家正常的工作，比如会就不能开太多，否则整体效率是非常低的。我们怎样既保证大家的工作节奏，又能实现协同，保护好领导力的势能，这是一种管理的艺术，需要去平衡。

如何打造势能？这需要我们发挥四种力量。

1. 榜样的力量——在实战中建立威信

作为领导者，对自身的要求需要有多高？如果一个领导对内和对外是双重标准，严于律人、宽以待己，显然不能建立势能。而是正好相反。要让自己成为榜样，才能有势能。因为领导干部的势能不仅仅体现在他身居要职，更体现在所有人心目中他是不是众望所归。要达到这样的势能，有三个层次的能力需要锻炼，这样才能在决策指挥的时候，有辐射力、威慑力。

第一个层次，领导者要有专业度，要成为所在领域的专家。作为领导，先决条件就是要精通业务，如果自己什么都不会，就无法做出好的判断，更无法带领团队打胜仗。比如在销售领域一个大单都做不成，让他分管销售，手下的人肯定不服气。所以领导者自己首先得成为领域专家，要能够找到事情的本质和规律，找到做事成功的方式方法。这个成为专家的过程，需要积累，走不了捷径。同时，一个优秀的领导者还要将这些专业的内容，通过总结规律与大家分享，让整个团队用相同的方法思考，整个团队统一话语体系，大家就能形成工作沟通上的默契，就会有战斗力。

陆总是 1999 年从微电子专业毕业的，此后一直在这个领域工作。他 2006 年来到神州数码，最开始做 DIY 配件销售工作，由于业绩优秀，2009年开始管理新签约的Intel芯片分销业务，现在已经是神州数码集团副总裁。他曾经负责的微电子业务销量规模从2009年到2021年扩大了整整24倍。这个业务能够以超高速增长，离不开他长期浸润微电子行业带来的专业度和敏感度。他有个习惯，每天晚上下班后，都会与行业内的朋友聊天，供应商、客户、销售、专家学者……都是他沟通的对象。而第二天一早，他会"做早课"，整理前一天晚上收集到的信息，判断当天的市场行情，从而指导业务的决策。无论是选择什么样的合作伙伴，还是对哪个渠道放多少货，或是某个IC定价如何，都是他要决策和思考的范畴。而这些专业的决策，有赖于他在自己的专业领域内深耕，并长期坚持信息收集与统合思考。

第二个层次，是带团队的能力，需要良好的人际关系能力。公司以"从胜利走向胜利"为自豪，是希望能够做到带领大家做的每一件事情，都是在原来的基础上再上一个台阶，每一次转型也都是整个公司在向更高的境界前进。如何做到带领大家"从胜利走向胜利"？除了要求领导者有专业度，能够自己打仗，还需要有良好的人际关系能力，完成团队建设的挑战，才算是有领导力，因为作为一个领导者除了自己会打仗，还必须得会带队伍，能带领大家一起打胜仗。领导者的威信来自出色的团队业绩，经常带队做砸事情，肯定不会有威信和势能。哪怕一个原来在自己领域与公司做出过成就的领导，空降到新的组织，也需要通过打胜仗，赢得团队的信任和尊重，积累在新团队中的威信。

现在的神州信息总裁李总是我们从外企引进的第一位人才。进入公司后，他带领团队把业务做起来，成绩出众。他的威信树立，不是因为学历高，或者是会讲话，而是能够真真正正把大客户业务做得很好。在神州信息确立金融科技战略后，他又面临新的挑战，要带领整个公司金融科技业务成长与发展。但他并不畏难，而是重新开始学习金融专业知识，并带领团队直面战略转型所需克服的重重困难，从经营业绩的挑战，到团队管理的挑战，再到市值管理的挑战，哪样都不轻松，稳稳地走了下来。走到现在，团队服他、客户服他，并不是因为他的总裁职务，而是他既能够成为行业专家，又能够真正带领团队持续打胜仗。

良好的人际关系，还要求领导者会讲故事。对于一个技术内容，即使可能无法在技术上讲得像技术专家一样透彻，但我们作为亲历者，如果能讲好一些自己擅长的故事，就能够让别人了解公司。如果连自己公司的故事都讲不清楚，只会对着PPT干巴巴地念文字，这样是难以有领导力的。

第三个层次，除了要有专业能力、人际关系能力，还需要有高瞻远瞩的战略洞察力。如果公司领导只看眼前是走不长的，组织也没有领导力可言。在神州数码起家时，如果带着大家只做赚钱的事，很多人可能早就离开了。我们是希望用所掌握的科学技术和知识来改变中国和世界，并不是以赚钱为唯一目的，才能将公司越做越大。

往小了说，战略洞察力是指，我们看到了社会和技术发展的趋势，能够看清社会需求与当前供给之间的差距，找到真正的商机，让公司活下去。往大了说，战略洞察力是指，要在公司选择的使命和愿景范畴内，选择最优路径去践行。不同层次的领导者，都要具备选择这样最优路径的能力，否则只有理想，没有方法，也是无法建立势能的。

总之，领导者的势能源于战斗中建立的威信，这就要求领导者要成为专业领域的专家，要能够团结团队成员，要看清未来趋势并能设计成功路径。如果个别部门的领导威信不高，就是因为没有做到上述三点。

2. 信仰的力量——愿景、使命、价值观

除了要做好榜样，作为领导者，要有势能，还需要有信仰。信仰就是那些我们坚定相信的东西，是我们的愿景、使命、价值观，这些共同的信仰能够凝聚人心。因为大家是为了共同的愿景和使命凝聚在一起的，而不是为了某个人，或某个

项目。任何组织都要有这样的理想和信仰，否则就不能称之为"组织"。

俞敏洪是我非常敬佩的一位企业家，他的新东方从北京大学外的一间破旧的教室起步，一步步发展为行业龙头，在资本市场开创了多项第一。然而，随着"双减"政策的落地，教培行业迅猛发展的态势一下子停了下来，突然而至的寒冬让所有教培机构都措手不及。

像其他教培机构一样，新东方也陷入了困境：公司市值全面缩水，义务教育阶段学科培训被关闭，几十万个家庭等着退学费，6万名员工等着离职补偿……但新东方却没有爆出家长讨要学费的负面新闻，各种社交媒体上也没有员工讨薪的控诉，为什么？

因为俞敏洪花200亿元退还了所有学员的学费，给员工发遣散费。在一次企业家论坛上，俞敏洪说起这件事，非常感慨："幸亏新东方账上还有钱，如果没钱，我个人砸锅卖铁都没有的话，我现在可能已经跳楼了。"

不光退学费，俞敏洪还把新东方的8万套课桌椅及其他能捐的全都捐给了条件较差的乡村学校。

这就是企业家的担当，这就是企业家的责任感，这就是企业家精神。当一个时代结束了，有人走得仓皇失措，有人走得慌慌张张，但俞敏洪却能在离场时仍然保持优雅体面。

当然，新东方的故事还在继续。一年后，在直播卖货领域，一家叫作东方甄选的公司以黑马之势冲出，这家公司的主播董宇辉因为充满文化气息的解说火遍了全网。而东方甄选就是新东方转型的一次尝试，他们成功了。

很多人都很好奇东方甄选为什么会成功，有一个细节或许能告诉我们答案：有一次在直播中，主播董宇辉提到以前的老同事忍不住落泪了，哽咽着说"挺想他们的，等新东方好的时候把他们再接回来"。

这是一家从上到下都有信仰、有信念、有情义的公司，所以这家公司在教育产业变革和新冠疫情的双重压力下，仍然能靠着心中的一股力量、靠着大家共同坚守的价值观走出来。

我们现在经营企业也经常遇到困难，如果没有一点信念的追求，遇到困难就想退缩，那是不可能有发展的。如果我们的员工队伍，仅仅是觉得别人给了更高的工资，立马就跳槽，那团队的凝聚力是堪忧的。没有良好的工薪，凝聚不了人；但如果员工与公司的连接，仅仅是依赖工薪待遇，更是不可能走得远。所以，虽然我们不是要求所有人，但一定要有一批骨干是有理想、有信念，是愿意与公司荣辱与共的。良好的工资待遇是对优秀行为的一种奖惩,而不应该是唯一的驱动力。

愿景,其实是基于面向未来的视野,明确我们要成为一个什么样的企业。作为企业的领导者,要有前瞻性,要能站得高看得远,看到未来的变化,才能带领队伍走得远。有人经常开玩笑说,如果穿越回20年前,一定要告诉当时的自己,快去买房。这就是因为他知道,过去20年房地产行业增长非常快,投资这个方向会有很好的回报。其实,企业的战略也类似,也是预测到未来会发生什么,并且非常坚定自己的预测,愿意投入自己的时间、资源、精力去做。

但归根到底,愿景在没有发生前,大家实际上是看不到的,它是一种对未来的预测。怎么提高自己的洞察力,提高预测的准确度,还让大家相信,这就是领导力非常重要的一个方面。神州数码要做领先的数字化转型合作伙伴,与我们的渠道和客户、员工都是合作伙伴。领先是指要做到理念领先、技术领先、实践领先。同时,我们强调合作伙伴,也是要强调这是一个生态的体系。

早在1999年的时候,一个商学院的教授说过,进入21世纪企业家的特质就是自知和直觉。我们怀念乔布斯,是因为他就是这样一个天才企业家。他对市场有自己独到的把握,加上对技术创新的专注和执着,带领着苹果一步步走向了辉煌。从对苹果笔记本电脑的改造,一直到 iPod 的发明，再到 iPhone、iPad，包括 App Store 和 iCloud 的推出，乔布斯搭建了一个非常好的产业链，同时也为苹果创建了一种卓越的竞争能力。其中的关键就在于他透彻地看到了未来整个信息技术产业发展的方向，然后执着地去追求。在追求的过程中，尽管个人沟通的一些特点，让他显得有些偏执，但并不影响大局。如果他看不到未来，和大家想的都一样，他就不是乔布斯，也就不会有苹果。

有了愿景，还要有使命感。使命是什么？其实是社会身份认同的问题。我们要努力为那个愿景付出，在这个过程中，我们要扮演什么样的角色？我们希望自己是什么样的社会身份？这就是我们的使命。神州数码为什么要做"数字中国"，是因为中国正在数字化的进程里，而做"数字中国"也是我们认为自己可以做、应该做的事情，这个身份，能够得到社会对我们的认同。身份认同之后，我们整个团队会有更强烈的使命感。不仅是领导班子，也要让我们所有的员工，都能够认同自己面向未来的这种使命感。

古希腊的哲学家们，影响了整个今天的科学的基本常识。他们有一个很重要的发现，叫作第一性原理。任何事都有个根本性的命题和假设，不能被缺省，也不能被违反。我们做任何事情，都要想想自己的初心。我们的愿景和使命，就是自己的初心，保有这样的初心，后面做事情才有主心骨。

从某种意义上说，使命就是把别人的事当自己的事干。把国家要做的事，当成我们自己的事，这样才会有势能。因为我们做的是全社会需要的事情，那么就会吸引全社会的资源帮助我们做成这样的事情。像我们之前做的IT产品分销、IT服务，现在做的金融科技，都是国家在数字化过程中最需要的事情、最关注的事情。我们把它当成自己的事情去做，就能够非常顺利。如果仅仅是为了个人赚钱，是没有什么社会价值的。

确定了使命之后，在衡量此后的业务时，就需要经常询问自己，事情和企业使命有多大的关系？以神州数码为例，这家企业之所以不断转型，是因为在不断变化的生存环境中，不忘初心，坚守使命——"数字中国"。神州数码希望做更有想象力的业务，不仅为了在资本市场上获得高一点的股价，更是在鞭策自己要与整个时代的大发展紧密结合在一起，共同推动整个时代的进步。神州数码提倡员工在与客户交流时，绝不要只是怀着推销产品的心理，而是要感觉自己在践行使命。

实现企业使命，一方面要靠不忘初心的坚定信念，另一方面则要靠努力践行价值观。价值观是处理各种关系的行为准则，这三个字看起来比较虚，却无时无刻不影响我们日常生活的每一个决策。

比如我们中国人推崇"忠、义、信",这是中华传统文化的优秀价值观。忠是最基本的,如果在一个组织里,没有忠诚度,"端起碗来吃肉,放下碗来骂人",大家都瞧不起你,哪有什么领导力?义是跟使命相关的,我们所做的事情是有大义的,而不仅仅是短期利益。信,是诚信,我们讲"受人之托,忠人之事",承诺的事情,一定要不惜一切代价把它完成。

如果一个人对自己的父母都不好,其他人怎么敢和他谈合作?一个人对朋友的态度,对家人的态度,看起来和公司没有关系,但实际上却处处映射着这个人处事的行为习惯。试想一个人对自己的父母和朋友都背信弃义,那么在合作过程中,把利益交付给他时,怎么保证他不会背信弃义?那跟他合作就要带着防备,而如果企业里每一个人都互相防备,彼此不信任,企业怎么能发展?所以,价值观并不是一个虚的东西,而是实实在在的行为准则。

神州数码最早提出"责任、激情、创新、共享",实际上就是在提倡一种价值观,定义组织内部人与人之间的关系,人与企业之间的关系。神州数码一直试图通过价值观塑造来增强组织的领导力。比如,如何构造一个不求全责备的文化?一个面对问题和失败时,不是埋怨推卸的文化?神州数码希望遇到困难和危险时,员工首先想到承担责任,再去总结反思。只有层层领导和员工都主动承担自己的责任,才能营造一个勇于创新的氛围。也就是说，神州数码要培养各级干部、各级员工在哪里跌倒，就在哪里站起来的精神，然后不断总结经验、教训。越是困难的时候，越是遇到问题的时候，各级干部越要退出画面去看问题，利用辩证法，利用创新能力，发现一些新机会，然后用一些好的方法去实践。内线作战不行的时候，要考虑到外线作战。只有这样，创新的企业文化才能够培养起来。

面向未来，为了让我们的组织更加坚韧、敏捷、强大，我们集合了适应过去积淀、适应当前理念、适应未来挑战的组织最大公约数，形成了新的核心价值观：成就客户、创造价值、追求卓越、开放共赢。成就客户是一切决策的出发点，创造价值是衡量所有工作的标准，追求卓越是我们做事做人的态度，开放共赢是我们的格局也是最终的结果。价值观的齿轮环环相扣，推动着组织里的每个人不断向前。

如何践行企业价值观？

首先，从管理层抓起。正如《贞观政要》所说："未有身正而影曲，上治而下乱者"。企业的高管团队，对企业价值观是否能够落实，起着直接的示范作用。如果各级管理者能够自觉践行企业价值观，营造浓厚的企业文化氛围，就可以产生潜移默化的效果，使员工慢慢地由认同到模仿，再到自觉行动。所以，一家企业的势能就体现在管理层是否为所倡导价值观的身体力行者。从另一个角度来说，如果每一位管理者身上都渗透着企业价值观，他就有了引领的作用和成就事业的势能。

其次，践行企业价值观要注重习惯的养成。企业价值观并不是贴在墙上的口号，而是要能内化于心，外化于行。这意味着践行企业价值观不是能够一蹴而就的事情，而要日积月累，潜移默化，在所有成员一举一动的习惯中形成。因此，企业在管理过程中要注重理念建设和习惯养成，理念如果只是写在纸面上，而不是能够融入日常经营管理工作中，就无法发挥作用。要通过日常的行为习惯培养，使价值观能够"润物细无声"地影响组织成员，让大家能够发自内心接受并践行价值观。

最后，要建立落实企业价值观的制度保障。企业价值观的形成和践行是一个漫长且复杂的过程，要通过制度和流程的保障，来真正落地。特别是要建立明确的奖惩制度，鼓励践行企业价值观的行为，惩罚违反企业价值观的行为，这样才能保障企业价值观的权威性，也能够将价值观逐渐在企业及企业成员的行为中内化，形成企业行为的一致性，从而提高企业的核心竞争力，促进企业长久发展。

3. 成长的力量——认识、实践、再认识、再实践

如果把知识比作一片混沌的海洋，把我们个人的认知当成悬浮在其中的一个球体，那么我们认知的内容越多，球就越大，但与此相应的是，我们会愈加发现自己的无知。

亚里士多德提出"地心学"，认为地球就是宇宙的中心。哥白尼在去世前提出了"日心说"。在今天来看，太阳也不是宇宙的中心。牛顿定义了经典力学，奠定了整个工业革命的基础。但爱因斯坦发现经典力学只是相对论里的一种慢速情况下的特殊情况，因为经典力学认为速度是相对的。为了解释光速的绝对不变情况，爱因斯坦提出了相对论的概念。

2016年发射的量子通信卫星墨子号，标志着中国在量子通信领域全球的领先地位。量子通信所使用的原理——量子纠缠现象，当年是被爱因斯坦否定的。量子纠缠就像双胞胎心灵感应一样，两颗量子无论相距多远，状态始终是相关联的。爱因斯坦认为这不可思议。但是实际上今天我们已经可以证明，这个现象是客观存在的。也就是说，即使是伟大的科学家，也有认识的局限性。

从经典力学到量子力学，人类对整个微观世界的认知发生了巨大的变革。在此之后，霍金在某种意义上是把量子力学的很多方法论运用到整个宇宙范畴。于是，人类无法观测到的暗物质、暗能量被发现。在相对论里，宇宙的位置还是相对静止的。但是，宇宙大爆炸的理论告诉我们，宇宙是在不断膨胀的。

我们回望过去，从1831年法拉第发现电磁场，到麦克斯韦尔建立完整的电磁理论；从19世纪30年代电报在英国和美国发展起来，到1876年贝尔发明电话；从弗莱明发明第一只电子管，到1946年第一台电脑ENIAC诞生，再到1989年伯纳斯·李（Berners-Lee）提出万维网的设想；从20年前亚马逊和谷歌提出云计算概念，到AI爆发，再到元宇宙。不过短短100多年，人类的生活出现了翻天覆地的变化。我们变成了在物理与虚拟两个世界生存的"两栖生物"。

认知的局限性是天生的，之所以要强调视野，是希望能够不断突破自我认识的局限性。因为一个人的认知，将会决定他的行为。从公司的角度，对世界的认知将决定企业的命运，对社会和世界的看法将决定我们的创新制高点在哪里。

做企业管理最大的挑战，是新形势给我们的观念、思维方式和文化带来的冲击。面对新的形势和环境，面对未来巨大的不确定性，组织是否能够清醒地看到未来？还是仍然沉浸在过去成功的喜悦中？当新业务和传统业务发生冲突时，该如何看待、如何理解新的技术、新的思维、新的组织方式？

形势比人强，不从内心深处彻底转变思维，突破自我的认知局限，就只能坐以待毙，这是企业生存的基本法则。我们在面对这样的机遇和挑战时，出路只有一条——开创蓝海走上价值创新的增长之路。从某种程度上说，要想做成更大更辉煌的企业，就需要一个不断否定自我的过程，要通过不断地改变和调整自己来实现。

要突破自我认知局限，需要不断提升自己的学习能力。

什么叫学习？一个婴儿学说话是没有障碍的，像鹦鹉学舌。上小学他也觉得学习是天经地义，一直到大学，还有之后刚工作的青年时代，他觉得学、问都是正常的，不会觉得丢脸。但是当一个人成功之后，似乎学习就变得非常困难了，他更愿意的是享受自己的成功，而不是去学习别人的东西。

学习也不仅仅是读书、听课、听讲座，理论的东西是很容易学的，这些都是"末"。最重要的是要有自我思考、阅读、体验、想象的能力，以及创新的、系统的思维，这些才是"本"。学习的过程就是一个认识、实践、再认识、再实践的过程。学习的目的是掌握真理，掌握世界变化的规律。掌握了这个规律，在工作中就可以做到游刃有余，而不掌握这个规律就会觉得处处碰壁。

做企业的过程中，没有哪件事是我们事先就能做得很好的，一定会不断反复迭代。我们总结的所有经验，也都是从实践中来，再到实践中去的一个过程。我们做业务的过程中，这个客户有这个特性，那个客户有那个特性，不要因为今天服务了这个客户，就认为下一个客户也一定按这个方式服务。每个客户是不一样的,我们要总结出其中的普遍性和特殊性,在服务下一个客户的时候普遍性可以用,但是特殊性就不可以了。

组织要成为学习型的组织,要营造一种非官僚主义氛围。其中的每一个人,都有学习的需要。应该向谁学?不仅仅向理论学,向上级和有学问的人学,还要向自己的员工、向自己的竞争对手、向周围遇到的所有人学。跟每个人交流,都能获取到有益的知识。特别是,要学习他们宝贵的实践经验,如果能够拿来、咀嚼、消化,再变成个人的经验,去指导实战,就更加难能可贵。

> 神州数码集团的青年干部培养课程,都是由公司高管授课。他们把自己在实践中的优秀经验总结成方法论,传授给学员。在授课后,大家通过应用实践,形成案例,再反过来丰富原有方法论,这也是认识、实践、再认识、再实践的过程。这个人才培养体系,从最佳实践到方法论,再完善、推广,逐步就会形成组织的统一语言,服务于企业发展。

认识是有限的,而世界是无限的。再本质的认知,也可能被否定、被推翻。但是不能因为我们会被否定,就停止了探求的过程。有这样的心态,这样的习惯,才能使自己不断地进步。对组织来说,认识的超前性,促使我们不断拥抱新的变化,帮助我们抓住新的商业机会,才能将积累的优势在新形势下释放出来,这也正是神州数码不断转型的出发点。

4. 洞察的力量——讲规律

提高势能的最后一点是讲规律。要想超越自我,不仅要设定愿景和目标,更要掌握事物发展的规律。不懂规律我们就很难实现目标,或者不可能实现目标。上一部分我们讲要学习、要成长,学习的目的就是掌握真理,要掌握世界变化的规律。

在谈讲规律时,起码要有两个维度,一个是经济环境和社会环境如何变化,要洞察到社会的演进规律、政府的政策方向,这是我们赖以生存的大环境。另一个是要能够感受科学技术未来的发展趋势,特别是IT技术如何发挥变革作用,这是我们的立身之本。我们一直在做的是计算机行业,必须要对计算机发展的规律有一个认知。这个讲规律的能力,也是我们在做战略规划的时候,必须要有的储备。

在信息技术领域,特别是数据领域,未来一定会出现颠覆性的技术。2015年,我曾经有过一个奇思妙想:人类经历了物理世界的革命,数据世界的革命到生命世界的革命,这个世界可能就完结了。为什么呢?我们都知道,首先,爱因斯坦提出了$E=mc^2$,就意味着质量和能量的关系是清楚的,物理世界的事就说明白了。从计算机出现到现在,我们是通过一个没有质量的东西进行信息的交流,从此人类社会就出现了一个虚拟的世界。生命世界的革命是基因，基因是质量加信息，然后重复。如果因为基因革命，每个人都活到 300 岁之后，可能这地球都装不下了。

后来，在实践基础上，我一直在想：数字革命究竟是什么？可能会面临三个变化。

第一个变化，是 IT 技术本身的变化。

过去几十年我们看到，遵循着摩尔定律，计算机的算力一直在快速增长。算力增长之后，引发了一系列的变化。芯片不仅可以用在计算机领域，用在手机上，今天的电视机、刮胡刀、电饭锅里面，都有了 CPU。通过计算的方法，我们可以把这些产品做得更好，有好的交互，更智能的功能。计算能力的规模化生产，降低了生产和研发成本，带来了计算能力的普及，这个普及带来的消费，又反哺了行业研发的投入。IT 行业带来的外部性影响，是面向全社会有普惠意义的。

计算机的体系架构也在变化。以 IBM 为例，它是从主流架构开始，之后做网络架构，然后到互联网架构，再到了今天的云架构。现在的云架构，使数字世界发生了一系列改变。多年前，我跟一位计算机行业专家讨论，计算机经过 CPU 操作系统、数据库中间件之后，会不会有一个应用架构、设施这样的东西出现？那时候，还没有云的概念。因为架构的变革路径还不清晰。但那时候我们觉得，应该在这个地方会有突破。当时尽管想到了，但没有去做这方面的创新，这也是我遗憾的地方。其实今天云的 PaaS 层，就是我们在面向应用层的时候，有一个服务于应用的基础架构。体系架构上的不断变化，对应用会有更强的承载力，也有点像容器技术。

在交通领域，是什么事情发生了，才使我们今天的交通发生了革命性的变化？很多人可能认为是发动机，或者什么新的交通工具？其实不是这些科技含量比较高的东西，而是由于集装箱的出现，真正打通了铁路船运、航空之间的交互瓶颈。如果没有集装箱，大家可以想想，我们今天的运输，会是什么样的形态？整个物流的效率，会是什么样的？我们今天的容器，就像是交通行业里的集装箱，看似它技术含量并不高，但是实际用处很大。当我们通过 API（应用程序编程接口），把数据放到容器里的时候，就能够使信息在不同云之间进行交流，数据和服务畅通无阻了，计算服务的效率就大大提高了。所以我认为 API 是非常重要的，并且这个技术仍在演化，它会怎么演化？也是值得大家去关注的。

这种宏观的认知是非常重要的，只有掌握了产业的发展规律，才不会把时间花费在一些错误的方向上。在整个企业的发展周期中，既要着眼于现在，也要放眼于未来，顺势而为，遵循客观规律，谋求发展之道。如果把握了这个规律，就知道该做什么了。

第二个变化，是认知科学的革命。大数据是非常重要的概念，它从本质上来讲，是一次认知科学的革命。历史上，由于有了牛顿第一定律，才有现代科学，能够用数据的方法量化地解释物理现象。经过一系列的发展变化后，信息企业才得以出现，但信息不是现在才有的，信息是伴随人类的出现就有的，比如我们的语言。语言文字是一种信息表达的方式，只是由于之前没有数字化，没有网络，信息是独立的、分散的，没办法形成一个真正互相连接的虚拟世界。信息学出现后，就产生了虚拟世界。函数是科学计算，后来出现的数据库是商业计算。再进一步地，对社会的计算就是基于对社会的认知，去给社会中的各种实体建模，我们给猪、给草、给工厂、给物流建模，这就是数字孪生，也是我们要做的事情。所以实际上大数据就是认知科学，在这个领域里面我们做什么？是我们要考虑的。

我们在审视当今时代时，总会提到从物理世界向虚拟世界的跨越。我们用原子来指代物理世界，用比特来指代虚拟世界。那么，原子的规律是什么？比特的规律是什么？从网络到云，从大数据到人工智能，它里面的规律是什么？这些规律的变化是什么？

传统看来，信息技术是信息采集、存储、计算、分析，以及在此基础上的画像和应用，这几个环节循环往复。互联网时代，搭建的是 IT 基础设施，在完成上述功能应用的时候，需要考虑计算能力、带宽这些限制性元素。互联网通过电话线接入的时代，核心问题肯定是扩充带宽。思科带来了路由器，IP 接入方式使带宽有了非常大的变化。蜂窝网络、光纤等促使传输内容实现了从音频到视频，从文字到图像，再从图像到高清视频的飞跃。人工智能的兴起是半导体、通信、计算机技术发展到一定阶段的必然趋势。如果没有半导体领域的高速计算芯片，没有通信领域的高带宽通信设备，没有行业应用的大数据支撑，人工智能根本无从谈起。

那再往后呢？是云原生、数字原生。人类已经不能满足于只通过服务的采集和传输，服务实体世界。而是会在数字世界里，完成新世界的重新构建，新的虚拟实体会在虚拟世界里被构建出来，作为新的意义承载的容器，去容纳实体世界中无法实现的内容。

第三个变化是场景。任何技术都要有一个应用场景，它要和一个业务，或者一个应用结合起来，这就产生了融合创新。创新在哪里发生？是在一个个的场景里。比如汽车，它实际上是一种交通工具和发动机的结合，它就是发动机技术和一系列辅助技术，在交通工具场景中的应用。支付宝和微信支付，实际上是移动互联网技术在支付场景中的应用。我们的创新，是要考虑，如何用新技术，把现在的业务进行结合和提升。

对场景的开发和利用，除需要对客观规律有所把握，还要有想象力。在瓦特发明蒸汽机之前，蒸汽只是一种十分常见且不为人所在意的现象；火药在用于枪炮之前，是被用来祭神的。一碗米，一个主妇，会蒸出一碗米饭，值一元钱，这是最原始的价值；一个职工，做几个粽子，大概能赚到两三元钱；一个工厂主，酿出一瓶酒，那就值一二十元；一个企业家，通过精细化、规模化生产，再赋予这瓶酒文化特质，其价值自然不可同日而语。

戏剧场景就是一种想象力的体现。我们之所以说莎士比亚伟大，是因为莎士比亚一生创作了几十部戏剧，定义了整个戏剧的理论和场景要素，用戏剧化的语言来完美呈现了场景。有了这些要素，就可以不断地进行作品的复制。牛顿的贡献在哪里？牛顿对经典力学的研究范式进行了非常明确的定义，从而奠定了经典物理学的基础。我们今天仍然沿用牛顿创造的原理和概念，可以说，我们大部分的研究仍然处在牛顿定义的"科学场景"之中。

那么，如何去想象和定义应用场景呢？我们并不是预言家，很多东西也无法预测，但是大潮流、大趋势还是有迹可循的。为什么古人讲"读万卷书不如行万里路"？实际上，就是讲需要不断地实践，通过实践给理论以反馈，无论是正反馈，还是负反馈，都是在不断丰富认知、打开思维。

有传导，才有共识

上一部分讲到势能很重要的一点来自理想，来自对未来的看法。基于自己的判断明确了愿景，确定了战略，领导者就有了一部分的势能，但如果这些理念无法影响他人，也成就不了一个成功的团队。一个有领导力的、了不起的团队，能够在价值观、战略方向，甚至关键的操作步骤上都保持一致，这样的组织，是战无不胜的。

所以我们强调，领导力的第二个要素是传导。要通过各种各样的传播方式，将这样的信念和目标，以及已经验证过正确的做事方式，传播到公司的各处，使大家能够达成共识，在公司内部形成共鸣，甚至在行业内形成共鸣。只有达成这样的共识，才能形成组织的势能，才能将战略落地，而不是仅仅局限于个人的远见。

传导的根本目的在于提升共识度。团队是由人组成的，如果人心不齐，个人再大的力量也无法形成团队的合力。古话有"人心齐、泰山移"，当一个组织在重大方向上无法凝聚共识时，力量就无法施展。而共识的达成，本质是思想和理念的互相传播和影响，它是一个过程。一个理念投入组织中，如同一个石子丢入水中，会不断向外扩散，石子丢得多了，波纹会互相影响——叠加或抵消，形成干涉，形成一幅流动的有共振的图景。

真理可以传播，谣言也可以传播。如果没有干预，组织中的信息会不断熵增，趋近于无序。所以我们关注组织内正式的、正向的信息传导，它不同于随意发起的普通交谈，而是一种有目的、结构化的沟通。我们在组织里提倡工作周报的推广使用，就是为了通过这种书面化、结构化的沟通，将公司重点工作层层传导下去，形成整个公司层面的共识。

我们还要注意，传导不只局限于公司内部，也包括对外的传导。我们要打造"以客户为中心"的核心能力，就对大客户经理提出了很高的传导要求。他们不能仅仅关注自己原来所做的业务，不是自己做软件就只卖软件，做硬件就只卖硬件，做服务就只卖服务，而是要对公司的所有产品都有所了解。我们有很多东西可以通过客户经理传导给客户，所以就要有意识地多了解公司的历史、公司的架构等方方面面的内容。

我们的战略推进过程中，公司每个人都既是播种机，也是宣传队。我们要把神州数码"数字中国"的种子播进全中国各个地方，见到客户、朋友、同学、同事，都要讲。与其天天跟人闲聊，还不如多说说自己的事，这就是四处播种。

可能传播的过程中，某个朋友的子女从斯坦福大学毕业回来，听说神州数码不错，就到公司入职了，我们就引进了一个高级人才。或者有人觉得我们业务不错，到市场上买了公司的股票，公司的影响力就逐渐扩大了。公司里的每个人都宣传自己的公司，让人家感觉到我们确实是一家好公司，才能吸引来人才和投资。

如果我们全公司的2万名员工，每个人都这样关心公司，能够走到朋友那里，走到各种环境中都讲公司确实很好，公司的影响力会扩大不少。这就是我们要做的工作，让整个团队的一致性加强，这也是我们要达成共识的地方。

共识是必要的，但达成共识是困难的。在实际工作中上，不能达成共识，往往可能有这么五个层次的原因。

第一，有认知的局限性。我们不同的业务有着不同的客户类型，不同的商业模型，不同的经营节奏，不同的风险类型及应对策略。大家在看待业务的时候，会有不一样的视角，这样多样化的认知会带来互相之间的不理解。为了破除这种认知上的局限，需要各个业务的负责人，主动多听、多问、多思考，公司也要在各个层面上，组织一些正式和非正式的沟通交流，促进互相之间的了解。

第二，存在利益的障碍。因为长短期利益不同，承包制一定会使有部分人在"装睡"。即使他们知道哪些决策是对的，但因为影响他们的利益，他们就不干，也不会去认可。往往这样的利益冲突，是由于当事人将所有的事情都当成"零和博弈"，不可避免地陷入"你死我活"的争斗中。为了解决这类障碍，需要站在更高的视野上创造双赢。

第三，传导过程中有损耗。传导过程中，存在信息的损耗，这个不可避免。所以我们需要尽可能减少这样的损耗，或者在中间增加放大器。而要做成放大器，就要在信仰层面上发挥作用。一个团队能够做出成绩，绝不仅仅因为一个领导者多么厉害，而是领导团队有信仰、有共识，他们作为放大器，在不同的场合、不同的领域里，不断地放大领导团队所共识的战略方针，这样才能有效抵消掉传导过程中的损耗。

第四，局外人心态。有的同事讲话，是站在局内人的角度提问题，但有些人就会站在局外人的角度，会说"你们公司怎么样"，但他不是公司的人吗？公司出了问题，难道跟他没有关系吗？局外人心态不仅仅包括对于公司的心态，还有对公司不同业务的心态。比如我原来做传统业务，认为别人做战略新业务跟自己没关系，只关心自己的一亩三分地。这个现象很难避免，永远都会有事不关己的人。但如果总是抱着这种局外人的心态，是没有办法达成共识的。

第五，害怕冲突的心态。合作的时候，大家观念不一样，难免有冲突，尽管大家理智上都知道应该就事论事，但是实际处理起来，往往还是容易有回避心理。从本性来看，可能很多人内心是不愿意跟人产生矛盾的，人生苦短，何必制造那么多矛盾，去得罪人。但一个成熟的组织内部，应当有合适的方式去把矛盾冲突摊开来讲，正面地面对并解决问题。害怕冲突的话，是解决不了真正问题的。

我们针对上述这五大障碍，分别展开来谈解决方案。

1. 业务的复杂性带来了共识的困难

从现实来看，我们的业务有很大的复杂性。不同的业务，经营周期不一样，成功的影响要素不一样，重点关注的内容也不一样。这样的复杂性，就导致大家的思考方式是不一样的。而这样不同的思考方式，会使团队在需要达成共识时遇到困难。

神州数码最早是做分销业务的，这是一个30天周期的业务，很容易看到经营成果。然后我们做了增值分销（Value-Added Dealer，VAD）的内容，这类业务的时间周期也就是60天。后来我们又做集成，时间周期变成了180天，180天后基本上也能看到业务的情况。到了服务和软件的领域，经营周期就可能跨年度，这时候我们怎么算账？随着业务的难度增大、复杂度加强，企业经营要计算投入产出的时间周期越来越长，难度越来越大。

其实我们现在做的服务业务大部分还是基于产品的，属于比较简单的业务。真正的服务业务，更像做手术，病人已经上了手术台，做好麻醉了，预备切除一个肿瘤，打开腹腔一看，却发现肿瘤已经扩散了，这时候要怎么调整手术方案？怎么跟患者和家属沟通？手术做完后，要怎么调整术后康复方案？我们做服务业务遇到的困惑，跟这个例子类似。其中涉及投入产出的计算，跟做分销或集成相比，复杂度完全不一样。

现在我们更进了一步，做自有产品，即使因为这个产品中自有的部分并不是很多，复杂度也是有所增加的。它比分销和集成增加了一个供应链管理的维度，时间周期也拉得更长。这样，投入产出的回报周期就更长，账也更难算得清。

我们还有云的业务，业务模式又是完全不同的，投入和产出的间隔时间比自有产品还要长。这时，我们就面临短期和长期利益的取舍。短期利益容易理解，但所谓长期利益，就是今天我们投入的东西可能需要一年、两年甚至三年的时间后，才能看到回报。面对这种情况，我们有没有决心去做这个事情？这涉及判断，也涉及判断之后的共识。

当前，神州信息聚焦金融科技战略，在与战略关联度不高但盈利能力比较强的成熟业务与战略业务之间，面临的就是长短期的取舍问题。金融科技业务，能否达到设定的未来三年目标？这是很重要的一个问题。资源如果全都投到一个方向上，三年之后目标没有达成，该怎么办？类似这样的战略共识，我们需要讨论，需要提高共识度。

为什么一定要做金融科技 2.0，首先是战略目标上要打开一个思路，我们未来要做的金融科技业务，和原来的金融业务不一样，要融入数云原生的理念，要打开一个更长期的局面，当我们的远期目标确定了，短期利益的考量就会减少。

我们作为企业的管理者，必须思考这个问题，是永远盯着短周期的业务做下去，还是要改变公司整个组织的价值，使业务的技术含量更高，为社会创造更大的价值。如果我们只是抱着原来的业务原地踏步，社会贡献度提高不了，公司和个人的回报也都会受影响。而内部的销售团队与公司之间的关系，也会变成静态的博弈，引发组织管理上的问题。

所以，我们要向业务要增长，要推动组织向更高价值方向去转化，只有业务预期的社会价值高，才能吸引来更优秀的人才；有更好的价值成果，才能有更高的市场价值，我们也才有更多的资金投入长期的事情，我们的员工也才能分享更好的价值回报。为什么亚马逊十多个季度连续亏损，但市值还在提升，因为它做了科技，做了独创性的业务，引领了行业的进步。当我们在谈领导力的时候，不仅仅说的是个人在组织内部的领导力，也是说企业要成为一个行业的领导者，承担社会责任，受到社会的尊重。这些思路是一脉相承的。

当然，面对长期、短期这样的问题，阶段性看不清楚也是很正常的，可能永远是"脚踏两只船"，既想要远期利益也要短期利益。这是我们面临的困扰，大部分公司都是这样的，只有初创公司没有，因为初创公司永远都有一个很清晰的目标，做不成它就死了，做成了就变大了。这是一个不断调整、不断看清的过程，所以要基业长青，做百年老店不容易。

要让价值增值，就要不断扩大产品和服务的投入产出比，做边际效益递增的产品和服务，要从长周期的累积来算总账。比如软件业务，就是客户量越大，边际成本越低。以操作系统软件为例，假设一家公司投入 10 亿元做了出来，只有 1 个客户，那这个客户的成本就是 10 亿元；但当它有 1 亿个客户的时候，成本就分摊到了 10 元，每个客户收费超过 10 元的部分，都是利润，这就是可低成本复制产品的优势。如果做传统的解决方案，客户群有限，一定覆盖不了高投入的成本。

神州数码集团现在做云业务，也是类似的道理。尽管我们不是卖标准化低成本复制的产品，但我们可以向同一个客户重复销售，这也是一个可累积的过程。当我们拥有 100 万个客户的时候，每个客户付给我们 1 元，就是 100 万元，我们就敢投入100万元开发一个产品；当每个客户给我们10元的时候，就可以花1000万元投入这个产品；而当每个客户能支付100元的时候，就可以花1亿元投入这个产品。用1亿元投资出来的产品和用100万元投资出来的产品，效果肯定是不一样的，所以在做业务规划时，预判未来的客户群数量，就显得尤为重要。

我们为什么要转型？因为我们一定要从短周期向长周期来转变，做长期来看更有价值的事情，这是我们往前走的动力。我们现实的问题是，公司绝大部分领导者是从分销和集成业务出身的，可能把业务的短期利益保障得特别好，却带来另外一个不足，就是短期和长期的业务会不断地产生冲突。这种时候，我也很难完全用逻辑说服大家，为了长期而放弃今天的利益。因为我们对未来的判断也是一个概率事件，不像今天的短期利益这样，是确定性的事情。我们就是处在这样一个不确定的时代，尽管大家都认为这是个很麻烦的事情，但不确定性就是常态，我们需要接纳。

回到本部分的主题，共识很核心的一个困难在于，我们是在一个不断变化的不确定环境里面追求一个目标。如果我们所有的东西都是确定的，商业目标是非常容易达到的。因为大家都明白，往那走就是了。但是在不确定的情况下，到底应该怎么确定目标是很大的挑战。这是我们的环境、我们的业务成长过程，给我们达成共识所带来的实际困难。尽管看到困难不代表就一定能解决困难,但先要看到,只有从"不知道自己不知道"过渡到"知道自己不知道",才能努力去应对。

面对这种认知带来的共识困难,其实"知道自己不知道",就比较好解决了。我们要敢于"打破砂锅问到底",敢于厚脸皮去问。如果没听明白,也不要认为自己能力不行,而可能是对方没有讲清楚,再不断地去问,就可以理解不同的业务形态,也就能不断扩大自己的认知范围。我们从组织层面,为了扩大各部门、各业务的互相理解,还可以在正式沟通之余,开辟一些非正式的沟通渠道,促进组织内人员的互相理解。

神州控股从2020年开始打造了"神码汇""神技营"两大组织,在选拔和培养管理精英和技术大咖,构建和完善人才管理体系方面,不断探索创新。"神码汇"主要挖掘和培养下一代年轻的领导者,而"神技营"更多关注有潜力的技术新秀。成员通过与由公司高管组成的导师团定期高频交流,以及项目实战历练,不断提升自身思维、站位、格局和能力,并将激情和精神传递,影响更多的人。实际运行下来,这两个虚拟组织确实起到了非常特殊并且有效的传导作用。这种跨层级、跨业务的网状传导,让团队快速拥有共同理念和价值观,打造充满战斗力的精英团队,是非常有效的。

2. 站在更高的视野上创造多赢

很多时候，多方不能达成共识是由于各方的利益诉求不一致。这些不一致体现在企业管理过程中，就是方方面面的压力，比如市场竞争的压力、股东的压力、员工的压力、客户的压力等。

来自市场竞争的压力。这是最直接的压力。如果没有市场竞争压力，我们就可以一步步达成战略目标。但遇到竞争的时候，可能会出现一些问题，容易破坏原有的机制和节奏。无论是在市场营销层面，还是收并购层面、人才竞争层面，竞争对手给我们带来的压力都是最直接的。一方面，有大量与我们业务模式基本相同的竞争对手，我们与之会有最直接的拼杀。这时候，更多的是竞争，但也不排除双方合作以占领更多市场的可能。另一方面，由于技术和商业模式的更替，会带来一些意想不到的潜在对手，这样的对手往往是颠覆性的，可能会造成更大的压力。

来自股东的压力。股东的目标就是让投资价值最大化，管理层所做的很多事情其实是为了企业长期的发展，但是股东投资是有周期的。如何结合长期和短期利益，让股东看到回报，就成为企业管理的一个重要课题。很多业务指标上的考核，可能就是股东压力的结果。作为上市公司，我们必须关注整个资本市场对我们的态度。市场的竞争存在很大的不对称性，别人看到的可能只是我们有限的数据和表现，只通过这些判断企业的情况。这就要求我们一方面要做好投资者关系的工作；另一方面必须遵循股东层面的约束条件，而这些约束往往和内部团队的想法有很大的冲突。

来自员工的压力。每个人都希望自己的利益和价值以最快的方式达到最大化，但是这些内容如何与企业的整体结合在一起？主要体现在制度和管理方法上，其中，很重要的就是如何能够确实从思想上、方方面面的引导和指导上，使大家愿意共同面对矛盾和困难。比如员工对成长、收入、荣誉的要求等，我们应如何平衡。

来自客户的压力。如果只做分销的话，对客户压力的感受肯定是不深刻的，当越来越直接面对客户、加大服务力度的时候，感受也越强烈。相比较分销而言，面对大客户做解决方案和服务时，感受到的压力就比较大。

事实上，很多矛盾在一个平面上解决没有效果，反而会演变成一种零和博弈。只有从更高的角度看待问题，才能创造双赢的局面。领导力在面对实际压力这个角度，就体现为：你能不能站在更高的视野看问题，能不能利用智慧和有效的方法创造双赢乃至多赢的局面。无论对客户、投资者，还是员工，都不是简单的 1+1=2，而是如何让每个"1"都发挥更大的效应，使各方都从中受益。大到国与国之间，小到人与人之间，占对方便宜的合作是不可持续的。如果不能创造这样一种双赢的局面，别人怎么有动力跟随？

正因为如此，神州数码从"四赢"到"全聚合"，不断创新合作模式。

早在1998年的时候，还叫联想科技的神州数码就提出了"四赢"的合作战略，即与供应商、代理商、用户共同成长。对代理商，神州数码承诺"让我们的代理商赚到钱，只有代理商在市场上的成功才有我们的成功"。一大批以经销代理为主业的中小公司成为"神州数码对代理商负责"理念的受益者，伴随着神州数码业务的发展而成长壮大。

神州数码集团分拆上市后，分销业务开始了新一步的转型升级。公司围绕渠道客户，提出了"全聚合"的合作模式。用自主可控的产品、云服务为渠道提供新动能；通过数字营销体系建设，打造完善的商机管理体系，为渠道提升价值；搭建数字中台，提升客户体验，降低运营成本，为渠道提升效率；向合作伙伴开放融资授信、人力资源、风险管理、一站式采购等能力和资源，帮助合作伙伴解决问题。通过这样从产品、服务、品牌、资本等层面重构合作模式，为合作伙伴的数字化转型提供全面支撑，也为分销业务模式转型带来创新。

与客户的关系，我们绝不仅仅强调赚钱，而是要双赢。

这就要求我们要时刻秉承"以客户为中心"的思想。我们要真正能够站在客户的角度去考虑问题，从客户的角度去发现需求，然后再整合我们的资源来服务客户。在服务的过程中，又可能同客户碰撞出新的火花，带来新的合作机会。

神州信息与 B 银行的双赢就是一个经典的案例。

B 银行是神州信息重要的战略合作伙伴，两家公司从 2008 年起一路相扶相携，共同成长和发展。

作为金融科技服务商，神州信息为该银行提供基于云原生、微服务的领先技术架构，并在渠道、获客、经营管理、业务发展等方面提供一站式数字科技解决方案，深度发掘数据资产价值，助力银行经营降本增效。双方还在产品、服务、组织、流程、管理机制等领域合作探索创新模式，拓展场景金融和生态互联，有效服务于 B 银行的发展愿景，实践神州信息的伙伴价值。

分布式技术刚在金融业崭露头角时，B 银行启动"网联支付清算平台建设项目"，双方有了一次积极的尝试。神州信息利用可扩展、高可用、高性能、低成本的分布式技术体系，满足行内对大数据量、高并发的要求，并为双方后续在分布式技术领域开展更为深入的合作奠定了基础。

随着合作的深入，双方共同探索了创新金融服务，共同开发在线融资产品，切实满足中小微企业融资"短、频、急"的需求，帮助他们获得线上贷款申请与发放。以此为基础，B银行还推出了更丰富的金融服务，进一步打造了服务实体经济、拓展互联网蓝海的利器。

数字时代的技术变革带来了新的业务模式与业务发展，紧跟金融科技发展前沿，B银行与神州信息无间合作成就了金融机构与科技企业共同发展、双赢合作的典范。

企业与员工的关系，也是双赢的。企业靠员工来实现整体的战略目标，员工依靠企业提供成长发展的平台，实现个人的人生目标。我们靠什么吸引人才？靠什么凝聚大家的力量？是"让员工与企业共同成长"，这是我们人力资源制度设计的出发点。优秀的人才在规划自己事业发展的时候，一定不是把短期薪酬看得最重，而是要找到与自己未来职业发展相互成就的平台，共同成长，共同分享收益。

在企业内部，我们强调双赢，更体现在各个业务之间的协同上。比如分销与供应链业务之间也有着天然的合作关系，不仅分销是供应链业务的最大客户，而且供应链在维修、电商服务上的拓展反过来也会为分销带来业务增量的机会。再比如，所有业务都与金融服务业务之间存在协同的可能性，我们可以大胆尝试，把神州数码在IT领域多年积累的资源和能力，应用到金融服务领域，以金融场景的创新，实现业务的创新。

总之，如果我们能够充分发挥各业务集团之间的协同，就完全可以突破惯有的增长方式，形成神州数码独有的新的差异化竞争优势。

从团队的管理层面来说，我们要缔造双赢；从集团整体战略层面来看，共赢也是神州数码所有行动的出发点。神州数码是伴随着惠普、思科等国际化企业在中国的业务而共同发展壮大的，我们既目睹了国际化公司的制胜法宝——双赢策略，又感受到了互惠共利带给企业的发展动力。如今的双赢理念没变，而神州数码自身的角色在转变，由一个学习者逐渐变为经验的传授者，开始带动国内企业共创事业、共同发展，沿着共赢的道路继续大步向前。

3. 减少"二传手"，避免"帕金森"，才能统一思想

在企业内部沟通和信息传播过程中，还要特别注意预防"二传手"问题。"二传手"也称"托手"，是排球运动比赛队员的职责分工，指接对方来球后专门担任第二次传球组织进攻的队员。在排球场上，"二传手"是场上进攻、实施战术的重要组织者之一，除要求有娴熟的二传技术，还要善于随机应变，团结队友，发挥全体队员的特点以及组织本队的进攻力量。通常每队配备一名或两名二传手，需要他们意志坚强、头脑冷静、视野宽广、具有很强的战术意识以及贯彻作战意图的决心。

但在企业中却要尽可能减少"二传手"。企业中的"二传手"是那种对业务部门提交的待决事项，不能恰当发挥专业化的参谋职能，仅简单整理传递，最终令企业高层无从决策致使决策迟缓的角色。更严重的是，"二传手"的传导作用如果发挥不好或者存在私心，会导致信息在传递过程中产生失真，引起业务部门对企业高层的误解。

这种信息失真现象也称为"信息过滤"。"信息过滤"是组织行为学中的一个概念，指发送者有意操纵信息，以改善接收者对信息的看法。如果一名管理者告诉上级的信息都是上级想听到的，这名管理者就是在过滤信息。所以如果企业内部环境不健康，厌恶坏消息，就可能导致下级为取悦上司等而"报喜不报忧"，进而导致上行沟通失真，影响传导效果。所以要鼓励所有员工勇于思考并表达出来，创造机会让人沟通，甚至建立相应的奖励机制。

组织运行中还存在一个非常可怕的"帕金森定律"，又称"官场病"，会加剧企业"二传手"现象。"帕金森定律"指一个平庸领导会找两个更加平庸的助手分担他的工作，自己则高高在上发号施令。只有找更加平庸的助手，才不会对自己的权力构成威胁。然而，两个助手既然无能，他们就上行下效，再为自己找两个更加无能的助手。如此类推，就形成了一个机构臃肿，人浮于事、相互扯皮、效率低下的领导体系。这种现象在大企业中经常出现，领导的秘书有秘书，甚至秘书的秘书还有秘书。许多秘书就成了"二传手"。"帕金森定律"造成很多"二传手",带来传递过程本身的工作效率降低。

怎样避免"帕金森定律",减少"二传手"现象?

首先,要在战略路径设计清楚之后,明确时间计划和关键里程碑,提高内部沟通效率,最大限度减少"二传手"的必要。

每当谈及企业管理的时候,一些人总认为目标、战略可能和员工的工作没有什么关系。其实不然,企业能够真正落实目标、战略,能够集中资源去做事情,需要所有人都被动员起来。如果能够从上至下对战略路径和里程碑达成一致,就从根本上减少了"二传手"存在的意义。

神州数码集团的分销业务,多年来一直采用事业部制的管理模式,这本质上是一种承包制。事业部总经理作为中层干部,成了"包工头",首要职责是确保销售与利润指标的达成。这种模式符合中国"耕者有其田"的传统文化,也能够激发中层干部的责任感,培养了一批优秀的事业部总经理,他们不但能保证销售任务的达成,还当之无愧地成了所在领域的销售专家。

但与此同时,这种模式下,某些事业部总经理会以事业部利益为重,而非公司利益为重。对公司每年的战略转型重点工作,他们可能只是在口头上讲讲,并没有实际上执行,没有真正把自己的时间、团队的时间安排向战略性重点工作倾斜。在战略传导这件重要的事情上，这些事业部总经理成为"二传手"的角色，使得公司战略转型的动作难以深入到基层。

事实上，建立战略性思维对事业部总经理这一层级的干部来说是有很大意义的。因为事业部总经理这一层级，如果考虑更长远的职业发展，特别需要打破"二传手"思维，更主动地理解公司战略。只有这样，才能主动突破原有承包制的桎梏，在业务上有所突破。以代理X产品销售的某事业部为例。

（1）由于X产品的客户有比较强的服务需求，事业部有很强的客户服务能力，所以除了分销产品以外，还可以延伸出独立付费的服务业务。

（2）进一步利用自身的服务能力，也可以建立以X类产品为中心的行业解决方案，整合一系列服务于该行业的产品，为客户提供更好的产品和服务。

这些方式都能带来业务进一步成长，而如果局限于承包制，再加上没有对战略的理解，往往仅完成当年的经营数字要求，限制自身的成长。

许多企业由于没有好的面向战略目标的时间管理方法，没能摆脱"帕金森定律"，导致大量的时间和人力资源被浪费掉，更谈不上"执行力"。如果能够在每一天、每一周、每一月、每一季甚至每一年都设定详细的里程碑，并用图表的形式表现出来，时刻检视重点工作是否和战略目标相匹配，就会极大地减少二传手、提高工作效率。

其次，需要人力资源部门改进人才评价体系，找到并消灭"二传手"和不拉马的兵。在传导流程中，中层干部起到信息传递渠道的作用。根据信息论的观点，信息每一次传导都会有损耗。因此，为了使公司整体的人力资源更有效地集中在战略目标上，就要减少机构重叠及信息经手人，精简组织架构，将组织结构压扁，从而有效降低信息的损耗率。

近年来，在公司转型的过程中，有一些业务的分拆和整合动作，涉及组织结构的调整。这样，就可能会在一些工作上有重复性劳动，也存在一些"为官不为"的现象。因此，公司人力资源部门会持续做业务职能的梳理和优化工作，目的一是减少层级，缩短上传下达的通道；二是减少重复工作，提高每个人的效能，对可做可不做的事做精简，减少不拉马的兵。

最后，对于新的业务，要按照新业务的特征来建立新的组织结构，更有效地围绕核心业务来开展工作，把管理工作和业务特征紧密结合起来，通过这样的结合更加明确责权利，让有才华的人责权利相匹配，减少"二传手"，把生产力放在更重要的创造价值的岗位上去，使所有人都有非常强烈的业务导向，力量能够往市场上走。

4. 达成共识的标准，最要紧的还是企业的愿景、使命和价值观

在企业中，不乏能看到常以"局外人"或"旁观者"心态来看待公司战略和其他部门业务的人。他们如果总是保有这样的心态，是难以融入公司的战略发展中的，从长远来看，也会对个人的职业生涯有害。我们要在组织中破除这样的"局外人"心态，就要再次强调愿景、使命和价值观的重要性，并且不断通过企业的愿景、使命和价值观去筛选人、淘汰人，以及不断地感染团队，让大家真正能认同，有归属感。

在企业经营活动中，肯定会遇到难以取舍的事情。比如，一笔资金是用于购买土地，还是收购企业，哪件事情更加重要和紧急？遇到这类问题时，虽然要具体问题具体分析，但总的原则是要坚守企业的"初心"。初心就是关于愿景、使命和价值观的共识。忘掉初心，就可能错误划分事情的重要紧急程度，为眼前貌似重要的事忙碌半天，最后才发现它根本无助于企业愿景和使命的实现，甚至南辕北辙。

哈佛商学院教授克里斯滕森在《创新者的窘境》中描述了磁盘驱动器行业历史，他发现那些管理完善的行业领导企业，几乎无一例外地在下一波浪潮中失败了，原因就在于他们沉溺于过去的成功经验，过于重视满足现有主流客户需求，却忘记初心，忽视了颠覆式创新的存在。

对神州数码而言，"数字中国"是初心，也是毕生追求的崇高理想。在创立之初，管理层曾通过写墓志铭的方式，探讨、确定了初心。此后，共同的理想把班子成员团结在了一起，从代理分销起步，先后做网络、服务器、软件服务业务，到智慧城市业务，再到数云融合、金融科技，一步步实现理想。今天，神州数码仍然还是秉承"数字中国"的初心，致力于成为云原生、数字原生和金融科技领域创新的合作伙伴和引领者。

10年前，神州数码的主营业务是传统分销，但那个时候我们提出"数字化中国"（Digital China），期待用10年、20年、30年的时间，推进中国信息化的进程。在第一次写公司的愿景时，神州数码提出，要成为数字化中国的探索者、实践者和推动者。所谓探索者，就是有可能被牺牲掉，但即便牺牲掉，数字化中国这件事对中华民族一样意义深远。第一次工业革命和第二次工业革命，中国都没有抓住历史机遇。在信息化时代到来时，中华民族完全可以利用这次产业变革的机会，立于世界之林。

20多年来，我们就神州数码如何成为"为民族、为社会做出贡献的企业"这个话题持续进行探讨，探索如何"把我们的企业融入中华民族伟大复兴的洪流当中"的理想，去承担起这个时代每一个中国人应尽的义务和责任。

神州数码在选拔干部的时候,除了考察能力,也会着重考虑意愿度。这就是和初心相关的,考察干部想做的事情与企业想做的事情是不是相契合。神州数码认为,全体员工对初心一定要有统一的认识,如果没有达成共识,后面执行过程中就会出现偏离。

企业的初心,企业的愿景、使命和价值观是在企业达成共识中最为重要的事情。一个企业最好的状态,是所有人都能够发自内心地喜欢,愿意为共同的愿景、使命和价值观而奋斗。这时,工作可以带来玩游戏般的刺激和乐趣,让大家全身心投入,发挥出前所未有的主观能动性和创造力。

在新冠疫情的挑战下,神州数码人也在践行着自己的使命。

突如其来的新冠疫情,从 2020 年开始打乱了我们生活和工作的节奏,恐惧和担心的氛围影响着每一个家庭和组织,甚至整个世界都在迷失。这场疫情,考验着每个人的心智,考验着每个组织的坚强。

在防疫工作中,神州数码人以极大的爱心、以强烈的社会责任感、以数字科技之力,为国家抗击疫情和复工复产做出了重要贡献。我们在第一时间实现了复工复产,还参与了火神山医院的建设,参与了防疫相关 IT 系统开发,参与了防疫物资的运输，捐助200万资金支持湖北地区疫后重振，协同生态伙伴捐赠和运送了价值超1700万的物资支持各地的疫情防控工作……也因此获得中华全国工商业联合会"抗疫先进民营企业"的荣誉，如图6-2所示。

图 6-2 中华全国工商业联合会"抗疫先进民营企业"荣誉证书

在这些神州数码人战斗的身影中，有一个团队尤其值得鼓励，他们就是武汉云基地开发某抗疫管理系统的项目组。2020年2月，湖北省某部门决定启动开发系统对抗疫工作进行管理。但当时疫情情况十分不明朗，没有企业愿意接下这个项目。这个时候，神州数码武汉云基地的研发团队勇敢地把这个任务担当了下来，多名工程师冒着感染风险进驻现场，承担了此次开发任务。

项目工期紧、任务重，尽管我们的项目负责人有非常丰富的敏捷开发经验，面对这样的极限要求，也是捏了把冷汗。在与时间赛跑的防疫战中，项目团队顶住压力，在办公室里扎帐篷、废寝忘食，把全部精力都投入到了研发中。经历了不眠不休的奋战，系统三天上线的目标终于得以实现，赢得了客户的高度认可。长期坚持的社会责任感，让我们的团队取得了这样看似不可能的成绩。项目现场如图 6-3 所示。

图 6-3　项目现场

我们在领导团队的过程中，需要通过各种正式或非正式的场合，不断地去讲，不断地去感染，不断地带着大家"拉条子"，回归初心、达成共识，从而完成共同的愿景和使命。如果把所有的精力都放在最重要的事情上，同初心结合在一起，个人和企业的生命价值就会最大限度地得到体现。所以，在发现自己有"局外人"心态，或者想要破除其他人的"局外人"心态时，请你叩问自己："我们的追求是什么？"

5. 冲突是新组建团队的必经之路

我们讲"搭班子、定战略、带队伍"，这个带队伍的过程，往往也是穿越冲突达成共识的过程。人与人的相处，要建立信任关系，需要一定的时间进行磨合。不管是组建新团队，还是老团队做新业务，或者是团队里进入新的成员，从某种意义上来讲，都是一个组建新团队的过程。哪怕人没变，因为事情变了，工作目标变了，也算是个新团队。而从组建新团队开始，到真正形成有凝聚力、有精神内核的队伍，都是要从蜜月期过渡到冲突期，再慢慢整合，最后才能进入贡献期。

最开始的时候是第一段蜜月期，看大家哪哪都好。因为蜜月期一般都会美化对方，看不到缺点。

然后很快会进入一个冲突期，因为蜜月期那种美化过去了，很快会发现对方的缺点，这就出现了冲突。冲突期是比较难过的，也是对团队班子领导力的巨大考验。做得不好，团队就分裂了。

冲突应对做得好的话，经过一系列的冲突，达成一系列认知上的共识，之后就进入了整合期，过程中肯定也有人员的调整，会形成团队的2.0版。

整合成功之后，业务也能走上正轨，团队就会进入平稳的贡献期。但这个平稳的贡献期，也不会是完全没有冲突的，伴随着外部形势的变化，以及内部人员的变化，组织管理的挑战会持续存在。

举个例子，神州数码集团要做一个新的自有品牌业务，一定有这样一个从冲突到整合的过程。我们做这项业务是基于战略的选择，并且原先有一定的业务的基础，这使我们对新领域不那么陌生。但原有的积累是不够的，所以新组建团队除了原有的研发和销售团队，内部还抽调了分销业务的部分管理团队成员，并从外部引入了产品研发、供应链、大客户销售等不同专业领域的高级管理人员，大家存在显著的工作方式、思维方式、话语体系上的不同。我们组织的成熟度，就在于面对这些冲突的时候，要泰然处之，不要紧张，不要觉得这是多大的事情，一定要泰然地面对这些冲突。

面对冲突，人是容易有情绪的。但作为理性的职业人，我们要始终留意，最重要的是如何解决冲突，而不是对冲突产生恐惧，或者抱怨。因为发生的事情已经发生了，我们要摆正心态，对已经发生的事情负责任。负责任的意思就是，已经决定的事情我们要干到底，不撞南墙不死心。正确的应对方式，是先要明确，探索的结果是不是已经出来了？如果结果出来了，那不管是好的还是坏的，我们共同承担。如果这个探索还在过程中，我们就继续想办法，把事情做得更好。

探索一个新业务，就像一个队伍过河一样。如果战士正在过河，你看到他走错了，也不指出来，他尽管有可能自己纠偏，但有更大可能还是要掉下去；如果中间过度批评他，让他丧失信心，也是容易掉下去的，我们很多工作都是类似的。

我们作为管理者，第一，一定要避免过度批评，要给他们信心，否则丧失了斗志，探索肯定是失败的。第二，要帮他们想办法，要用自己更高的视角和更强的资源整合能力，提出更有效的解决方案。第三，也要就事论事地指出他们的不足，而不是为了维持表面和谐，什么都惯着，浪费最好的时机。

此外，作为新业务的探索者，因为是在试错，所以可能经常要面临失败，要承受指责，会带来很多委屈。但是，我们要始终记得，目标是到达彼岸。过程中有一些批评的声音，不是评价个人的好与坏，而是对这个组织行为做出的反馈。整个组织，是要对自己所有的创新行为负责任的。只有这样，团队才能成长起来，成熟起来。

负责新业务的团队，可能是原来负责老业务的人，可能是从外部并购进来的，可能是从不同的业务部门调过来的，或者是"空降"来的部队。这样组建新团队，其实是组织在补短板的过程。大家都知道"木桶效应"，一个组织能盛水的多少，取决于最短的那一块板。如果我们团队的认知能力有欠缺，整个的组织行为是会受损的，所以就需要在能力上补短板，就必然会带来新团队的组建，以及冲突的产生。

解决冲突的过程，没有什么捷径，就是要不断地正面冲突，促进互相的认识和了解，不断达成共识。我们可以利用多种手段，不厌其烦地讲。不管是誓师会、专题会、务虚会，还是民主生活会、庆功表彰会，或者对外的路演、演讲、文章，通过各种传播渠道去说，一遍不行讲两遍，两遍不行讲三遍，就是要让大家相信我们讲的这个东西，这就是我们作为管理者要做的基本工作。

发挥激励机制的驱动力

达成共识后，如何保证共识能够持续地发挥作用，很重要的一点就是要靠机制的力量。我们做组织管理工作也要遵从二八法则。一方面，激励机制的设计是组织管理工作中 20%

重要的事情，好的激励机制能四两拨千斤，实现组织效能的成倍提升；另一方面，激励机制的设计，也是为了用系统化的方式，驱动各级员工把自己的精力聚焦到价值创造最有效的20%事情上，而不是日常事务上。

我相信，每个领导，在管理团队之初，都会思考激励问题，市面上也充斥着大量书籍和课程，讲述如何做好团队的激励。我们在此不谈具体的方法论和工具层面的"术"，因为这些东西相当于是武器，大家可以从自己的实践需求出发，寻找称手可用的，没必要多谈。我更想谈一谈激励的"道"，我们要如何建立激励机制，什么样的激励才是真正有效的，其中的底层逻辑是什么，这是更关键的内容。

1. 激励机制的设计需要系统思考

我们每个人都有自己的神经系统、运动系统、呼吸系统，但它们并不是相互割裂的，而是作为一个整体在发挥作用。企业也是同样的道理，外在的业务表现，需要内部各个系统共同发挥作用才能支撑，这就是系统思考的思路。同样，组织内人员的激励，不能割裂为一个独立问题去思考，而是也要考虑多方面的因素，体系化、系统化地分析整体的机制。系统化思考可以借助一些模型，如麦肯锡的7S模型（见图6-4）。

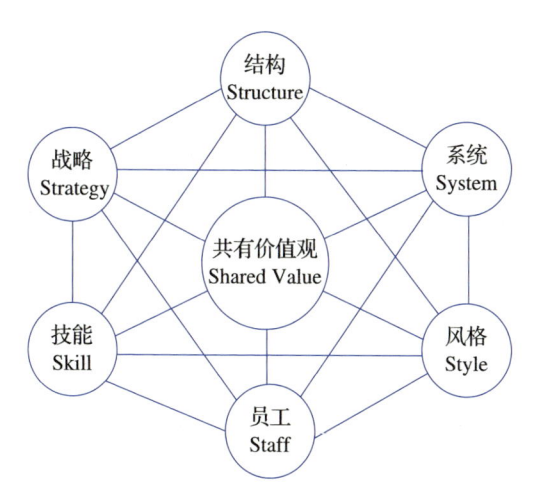

图 6-4　麦肯锡组织管理 7S 模型

麦肯锡 7S 模型是麦肯锡于 20 世纪 70 年代开发的，用以确定组织的七个内部要素，这些要素需要协调才能取得成功，我们可以借用其分析框架来进行组织和激励管理。

7S 模型由七大要素组成，三个硬性要素是战略、结构和系统。这些要素相对容易识别，管理可以直接影响它们。此外，四个软性要素是共有价值观、风格、员工、技能，可能更难以描述，更不明显，更受公司文化的影响。但如果组织要取得成功，它们就像硬性要素一样重要。当然，这只是一个示例，我们在做激励机制设计的时候，对优秀的模型可以取其精华，但要符合本身业务特点和组织现状。

好的机制，让坏人变好；坏的机制，让好人变坏。我们要建立的激励机制，需要能让大家看得见、摸得着、感受得到、体会得到，这就是管理者要做的工作。而在这个激励设计的工作过程中，我们必须形成系统思考的能力，要从激励的架构出发去做设计。为什么叫激励机制，而不是只说简单的激励？就是因为，激励的设计要从整个体系出发，综合考虑多方面的因素，才能设计出有效的激励，否则一定会出现激励的失效。

刚工作时，我觉得机制设计就是给别人说说而已。但越走到现在，特别是在实践的过程中，越能感受到机制设计的重要性。竞争就是一种管理的机制。例如，做科研的时候，很多科研小组要分成AB两组，这就是一种竞争。为什么要有这样的设计？因为谁也不知道，正确的路线是哪个，各个小组最后研究出来的会是什么东西。所以只有靠A组和B组分别研究，通过比较成果进行判断。我们招聘的时候也一样，招一个人去负责新业务，你说他好不好，是根本没有办法得出结论的。但如果同时招了三个人，这样是能比较出来的，这就是一种管理的机制。

这种机制，通过系统思考，会形成一个"体系架构"，要把这样的体系架构想清楚，肯定不是一日就可以做到的，需要反复考虑、反复讨论，然后逐步形成我们的能力。比如这一章讲的是领导力的体系架构，有四个构成要素，一定是不全面的，肯定还有其他要素，并且随着时间的变化，各种要素的重要程度会不断变化。如果我们一味盲目执行，就会出现领导力失效。但如果我们能够很好地把握各个要素的变化过程，失效就会少一些。

激励的机制设计也是如此。我们始终要保持在一个体系架构里，不断强化机制的意识。我们任何人的决策，都是在有限条件下的决策，是由能够看到的东西决定的。随着有限条件不断变化，我们也要不断变化动作，这样才能不断往前发展。没有最好，只有更好，持续改进，持续进步，这就是系统的、机制的力量。

神州数码集团以价值贡献为导向进行的激励变革，或许能给管理者们带来一些启发。

2018年，神州数码提出以价值贡献为导向的激励机制，实现全岗位价值量化薪酬，改革业务年薪制和职能激励，岗位薪酬与岗位价值"增量贡献"直接挂钩。在营销端，代理PC产品的部门第一个作为试点，尝试"底薪+提成制"激励改革，随后在该部门的上一级范围全面推广激励改革，按件计酬，鼓励多劳多得。

2019年，公司进一步落实计划，事业部总经理以上级别人员开始试点增量薪酬。员工层面，借鉴试点经验，在成熟业务中大力推行营销人员激励改革，按照不同业务模式和特点，设计不同形式"底薪+提成"的激励方式。职能层面，量化工作量考核，持续推动按工作量贡献进行激励的办法，实行按件计酬。同时落实长期激励，启动2019年股权激励计划，授予200余名骨干人员股票期权，提升员工的荣誉感，共同分享公司发展所带来的收益。

2020年开始深化激励改革，我们推行全员的价值增量薪酬体系，打破官本位、弱化层级、取消封顶、激励考核标准公平公开，让大多数员工能实现自我管理、自我激励，全公司导向多做贡献才能多得，彻底打破平均主义。针对技术人员，梳理技术职位体系和能力评估模型，推动技术人员职业发展双通道（专业通道及管理通道），根据行业内标准制定技术人员薪酬体系，与能力和贡献相匹配。

激励改革至今的每一年，人力资源部门都会对当年的激励政策进行盘点，通过电话访谈、面谈、问卷等形式，对激励效果进行追踪，并对下一年的政策调整收集优化建议。这个对于激励机制进行系统化"设计—实施—反馈—优化"的过程，对促进业务的转型和增长起到了有效的激励作用。

以财务为例，原有报销岗从"固定工薪＋年终奖金"的激励方式，转变为"底薪＋计件提成"的激励方式。对优秀的财务人员来说，实现了多贡献多得；对广大员工来说，报销的时效性大大提升，享受了更好的服务；对组织来说，在服务质量提升的同时，用机制的力量，使队伍变得更精简高效。以营销为例，销售人员的积极性得到了显著提升，同时，由于提成的计算方式更加清晰简化，团队的精力释放得更加明显了。

当然，激励方案的变革是不断在尝试中调整的，针对不同的业务模式、业务不同的发展阶段要设计不同的激励方式，以激励为牵引，导向员工做更有价值的业务，导向员工多劳多得、多贡献多得，并不断完善。

2. 找出关键岗位，提升组织价值，是激励的前提

在系统中一般会存在一个杠杆点，在这个点上发力，就可以将系统带入正向的反馈循环中。在激励机制的系统设计中，关键岗位就是这样一个非常重要的杠杆点，它能起到承上启下的作用，帮助组织产出更高的绩效。把这些关键岗位找到，就是整个激励工作中一个非常重要的内容。

我们希望公司的组织动能，是类似动车的机制。大家都知道，动车不是只有一个火车头，而是每一节车厢都有动力系统。只有这样，才能达到 300 千米/小时以上的速度，否则只能跑 60 千米/小时。关键岗位，就是动车每节车厢的动力系统，只有这样的动力机制建立起来了，我们才能把整个公司的事情做好。

那么，谁来明确什么是关键岗位呢？这是我们要回答的第一个问题。

关键岗位的明确，需要业务负责人，而不是人力资源。尽管我们希望负责人力资源工作的同事懂业务，但是真正能对业务有最深刻、最透彻理解的还是业务负责人，只有负责业务，才能知道什么样的岗位最重要，什么样的人才最稀缺，哪些人最值得激励。

不管在哪个业务里，关键岗位的分析，都要基于团队核心能力的提升。关键岗位一定会集中在两块：一块是营销的能力，另一块是研发能力。我们搞研发，首先是要能够更了解客户，提升产品和服务的价值，才能提升毛利率；其次是要提升交付效率，通过研发新的工具，降低交付成本。没有这两条，研发就没有意义。同样，围绕营销渠道和客户建设，也有一系列的工作，要不断深化以客户为中心的核心能力的建设。

找到关键岗位的人，是为了更好地把握业务，提升公司价值。公司的价值，要放到市场环境里看。在市场机制下，能在什么都不明确的情况下，筛选出谁的产出是真正有价值的，而不是通过行政命令搞虚假繁荣。

我们的业务，包括所有人，都在市场环境里，我们都是市场参与者。作为业务负责人，要时刻考虑怎样把业务和市场做有效对接，怎样使公司的价值得到提升。在公司价值最大化的过程中，每个人的价值才能得以实现。换句话说，让每个人的价值，在实现最大化的过程中，把公司的价值也最大化，实现个人与组织的双赢。这是在设计具体激励机制之前,最核心要把握的本质。

我们把组织价值的提升和个人的关系再展开来看。

企业的利益相关人实际上就三个：客户、股东、员工。第一个是客户。没有客户,企业就不存在了。第二个是股东。股东给了我们资源,使我们能够有一个平台发挥。第三个就是我们自己——公司的员工。这三者之间就像三角形一样,它需要平衡。只考虑客户利益,公司不赚钱,公司不可持续发展；只考虑股东利益,员工价值没有得到体现；只考虑员工利益,不考虑股东的利益,股票不值钱,公司就不可能进行更大规模的发展。所以在这三者之间找到平衡点很重要。我们作为企业管理者,如何去平衡这三者的关系？需要通过组织的市场价值最大化来实现。

过去我们做生意,是用静态思维来看三者关系的。比如,做业务赚了10元,给股东分3元,为客户留下来一些用于未来的发展,然后自己分3元,大致会是这样的比例。但现在,我们通过上市进入了资本市场,资本市场会给出溢价。这个溢价机制会使我们可能只挣了10元,却能去分100元。可分配的这100元,用来投资长周期的事情,可以吸引更优秀的人才,使公司的价值进一步增大。投资人为什么愿意投资？是他们通过对业务价值的评估,认为业务有前途,所以愿意拿现在的资金,去跟我们分享未来的收益。

因此，我们管理团队在考虑激励体系的时候，应该有一个大前提，就是怎么把企业的价值做到最大化？只有实现组织价值的最大化，才能拿到资本的溢价，个人的价值也才能够得到最大化的实现，激励才有源泉。否则的话，只能被动地、静态地考虑分利问题。

这就是我们要从最初做分销的业务，转为做软件服务业务的原因所在。到今天，是变成向以云原生、数字原生为代表的技术方向发展，这个方向是未来发展的主流。包括我们现在做金融科技，也是在数云原生的技术路径上，特定行业里面的应用。通过把大数据、人工智能和场景结合在一起，给客户带来新的价值。

在战略划分里，我们时刻要思考如何把企业价值做高。而关键岗位和其中的关键人，就是把我们的业务价值做高的关键要素。如果我们找不到，企业的价值就得不到提升。在战略转型的过程中，我们遇到的实际困难是，新的业务我们不懂，所以需要自己转变，这就会涉及观念、技能、思维模式和行为规范的调整和转变，转变一定是痛苦的。在转变的过程中，我们要吸收市场上这方面的能人，与我们原有能力相结合，形成合力，使组织价值实现最大化。

企业要不断转型才能发展，只有不断改变，才能跟上时代的步伐，跟上时代的发展。我们的集体要有市场化的、开放的意识，要能够继续跟随市场的进步，不断改变和发展自己的能力，这样才能一直进步。作为个人，如果认知到这一点，但自身不愿意改变，仍然因循守旧，要么公司被这样的人拖垮，要么公司让这样的人离开，只有这两种选择。战略每三年或五年就需要根据市场的变化进行调整，而关键岗位和激励机制，都要围绕战略做改变。其中大的原则，都是要围绕提升组织价值来思考。

3. 将心比心，才能管理人心

我们已经讲过，激励的大道是一定要走市场化的道路，通过组织价值的提升来实现个人价值的提升。在这个前提下，我们在设计具体激励机制的时候，也是要设计一个市场化的、有效的、自然的、激发善意的制度。

激励机制是要通过规则的设计，对人的行为实现正向的引导。我们都知道马斯洛的需求金字塔，人在事业追求过程中，要不断满足自己各个层次的需求。当然，每个人可能有个性化的需求，但是作为一个群体，是会有共性的。前文述及管理的英文是 manage，拆开是 man 和 age，其本质是人的成熟度。我们在设计激励机制的时候，要充分尊重人的成熟度，也要尊重基本的人性。

管理学的历史有三个阶段，每个阶段都是基于对人的假设而衍生出来的。最早的科学管理浪潮，诞生于英国古典经济学对人的经济人假设。在经济人假设下，人是理性自利的，劳动的唯一目的就是获得报酬。在这个阶段，人们认为企业管理的唯一激励办法就是以经济报酬来激励生产，只要增加金钱奖励便能取得更高的产量。

经过时间的检验，人们发现这样的激励理论是失效的，仅仅有钱是不够的。马克思讲人是社会关系的组合，人需要有社会关系的交往，需要别人对他的尊重，需要一个社团，需要在一个集体里面，得到精神上的安慰。这也是梅奥提出社会人假设的基础，他认为人不只为了经济利益而行动，维护自己的社会地位、人际关系、情感满足等同样重要。在此假设之下，企业管理中鼓励员工多参与决策，扩大工作范围，主动承担责任，做有挑战性的工作。

有人讲90后、00后不为挣钱而工作，觉得工作环境不满意就离职，特别潇洒。其实，60后在20多岁的时候，同样的事情已经发生过了。改革开放初期，大量人才从机关进入企业，是因为这些人从上班的第一天就已经看到了，最后会走的路径是什么样子。已经看到自己从20多岁到60多岁，对人生就没有新鲜感，没有挑战性了，很多年轻人不愿意这样按部就班地工作。当他完全投入企业后，一方面会恐惧不确定；另一方面又愿意接受挑战。就像爬雪山，尽管很痛苦，但还是愿意往上爬。因为在不确定中，在风险的挑战过程中，人会得到进步和成长。人的生命的意义，就是要不断挑战自我。

此后，管理实践又经历了几十年的发展，大家慢慢发现，待遇留人、情感留人都逐渐失效了。这时，西蒙的决策人假设诞生了。这种假设认为，每个人都是自主决策的行为主体；决策的好坏与决策者本身的素质有关，也与决策者所处的环境有关；组织不能代表个人做决策，但是可以通过提供相关的事实前提和价值前提影响个人决策。在决策人假设下，管理者认为，对员工的激励不能千篇一律，应对员工所属类型进行分类，制定因人而异的激励策略，以实现最好的激励效果。

一般而言，人的需求层次满足是递进的，当更低级的需求得到相对满足后，才会自然地向更高级的需求发展。但有时候，需求的满足顺序也会有转化，这种转化是由价值观引发的。比如雷锋现象就是一个很典型的案例，他在低级需求没有满足的情况下，去追求一个更高级的精神需求，如果仅仅以马斯洛的理论来看，这个问题就不好解释了，而这就是由他的价值观所决定的。

过去的企业组织里，非常强调集权控制，强调意识形态的一致性。但今天我们会看到，年轻的员工，个性都非常鲜明。大家逐渐能意识到，人与人是不同的，所以我们要学会尊重，尊重知识，尊重他人。这就是我们非常强调共识力量的原因。

很多时候，我们容易以邻为壑，以为自己的认知代表全世界，会变得固执，然后再加上偏执和自负，基本上就失败了。如果大家都能以一个开放的心态去想，别人的知识能不能为我所用？像海绵一样，能够兼收并蓄，不轻易地否定别人的思想，然后看一看今天这个世界和我们，是什么样子的？就能更容易看到真实的世界。人的成熟，是一个逐步渐进的过程，企业管理的成熟度也是一样的。

今天，我们面对这样一个多样性的世界，如何激励大家往前走？第一，要有系统思考。第二，要懂得业务。第三，要懂得人性，懂具体的人。不能只见树木不见森林，当然，也不能只见森林不见树木。

有人认为，只有创新的业务才能通过激励机制的设计来激发员工，事实并非如此。我们公司的传统 PC 分销业务，就通过有效的激励机制设计，实现了业务与人员薪资的双增长，下面对此案例进行详细剖析。

> PC 分销是神州数码最早期的业务，历史营收业绩非常辉煌。但 2015—2017 年，规模开始下降，在两三年的时间里，总体业务规模和人员规模都出现了萎缩。在这样艰难的情况下，我们考虑通过机制变革来提升组织效率，实现业务规模的回归乃至增长。
>
> 通过分析发现，烟囱式的组织架构是制约 PC 业务发展的关键因素。当时我们的 PC 业务是根据销售的产品线来设置部门的，每个产品线都有对应的产品部、销售部、

运作部。利润高的部门，人就多；利润少的部门，人就少。后来，随着整体业务规模下滑，人员萎缩严重，比如 H 部门的人数下降了一半，在一些区域出现了人手短缺，但由于这样烟囱式的组织架构，没办法跟同区域其他产品线部门做人员的调度。

有个比较典型的例子是 D 部门的 G 省区域。由于业务量不大，这个区域的业务实际上有一个人就完全可以覆盖，但实际上，这个部门在 G 省区域有 3 个人。多出来的 2 个人，精力被安排到了哪里呢？是 D 部门覆盖的其他省区，而不是同在 G 省区域的 H 或 L 部门。众所周知，分销业务的销售应该以属地为主，跨区域的工作安排效率很低。就是因为这样以产品线为主的组织结构，导致销售人员整体的工作效率偏低。

除了这种人力资源不均匀的情况，还有其他问题。比如不同产品线的部门，由于存在一定竞争关系，互相交流沟通的时候，难免会保留信息，或者透露不真实信息，存在这样的隔阂，部门之间是难以形成合力的。

面对这样的问题，我们首先做了组织结构的调整。尽管要做人员的整合复用，但并没有一开始就非常武断地进行全面整合，而是先从销售部入手。在面向上游的厂商端，仍然保留了按照产品线来安排的结构,强调专业性,这样便于面对厂商做资源争取,也能够在一定程度上缓解组织变革在厂商层面遇到的阻力。

对于销售部,我们做了业务和人员的打通,人员脱离了整个产品线的属性。不管原来销售的是哪个品牌,重新以区域为中心来安排团队人员,编制、任免权等都在销售部,职责也由销售部统一划分,而不再跟随产品线。原来的组织结构下,同时代理多个品牌的渠道,会有多个销售对接,存在互相之间争取资源带来的浪费。

这样的安排,有几个好处。首先,能够实现区域销售人员面向不同产品线的重新配给。比如在某个出货量不大的省,L产品线的销售人员,同时可以复合给D、H和S等产品线使用。如果在销售过程中有人员的不均匀现象,可以随时调整。其次,也可以更好地赋能渠道,让渠道和神州数码走得更近,更好地帮助厂商拓宽渠道,提升销量。最后,销售个人也有更多的工作可以干,而不是因工作量不饱满混日子。

组织结构调整,解决的是能力配置合理性的问题。销售基于本地化,做复合的工作,是符合合理性原则的。接下来在实施过程中,出现了很多困难,比如厂商的反对、自身能力建设的不足等。这就需要通过设立激励机制，解决团队积极性的问题。

在激励机制变革之前，采用的是年薪制，通过计算一年的任务量，匹配对应的年薪。收入依据目标的达成率计算，完成了120%就拿120%的工薪，完成了80%就拿80%的工薪。这样的薪酬方式有几个弊病，直到现在这些问题仍然没有完全解决。

一个问题是指标的合理性，合理性是指能轻易完成，还是鞭打快牛；另一个问题是外部变化的不可预测性，市场表现存在区域、产品等众多的不确定因素，销售员完成指标的情况会依据外界环境变化而变化。同时，由于业务毛利率整体偏低，销售员整体的薪资水平不高，即使业绩出众，能力差异也难以在工薪层面体现。这些问题带来了很多内部矛盾，也容易造成优秀销售人才的流失。

面对这样的问题，我们怎么办？众所周知，激励机制是组织结构调整成败的核心，而所有的激励都从人性开始。人性是什么？劳动是人性，惰性也是人性，大多数基层员工希望的是"钱多事少离家近"。站在公司的角度，要克服这样的人性弱点，其实是要坚持一个朴素的道理——多劳多得。但这个劳不是苦劳，而是功劳，是真正为公司带来的价值。所以，我们制定了激励的基本原则：在整体激励盘子不变的情况下，给真正为公司创造价值的同事以更多的激励。

基于这样的原则，我们提出了分销"按台提成"的政策。因为我们认为，在 PC 分销的业务上，销售每台产品的毛利是一定的，那按台提成体现的工薪激励，就是体现销售员为公司创造的价值。

这个政策提出后，遭受了巨大阻力。很多人认为，这样的提成过于简单粗暴，因为每个产品有不同的价值，笔记本电脑怎么提，台式机怎么提，是不是应该不一样？另外，是否要设置地区系数，比如北京地区和贵州地区的奖励系数是不是应该不一样呢？因为北京可能一个销售员能卖 1 亿元，贵阳只能卖 1000 万元，我们怎么屏蔽这些影响因子带来的激励不公平问题？当时产生了很多类似的矛盾，带来了不少争论和冲突。

最终整个团队经过讨论达成了共识，就是我们承认这样的不合理性，但是先开始实施，以后再依据情况一点点调整。于是，这个激励方式就变成一个非常简单的公式：底薪＋台数提成，而且一定要让激励的薪资超过固定工薪。

实施这样的激励机制后，有意思的事情发生了。以前销售部老跟人力资源部要人，说没有人干不了活，当时的平台经理能 5 个人干的活儿肯定找 6 个人来干。而如今是有多大的生意，平台经理自己核算需要几个人，自己确定编制。比如1亿元的生意，可以选择3个人，每个人工资高一点；也可以选5个人，每个人工资低一点。这样，控制编制的事情，就无须总部再管，而是平台经理自然的选择。这个事情做完后，前面提到的G省3个人的团队，马上有2个人就分流到了其他区域，留下的一个人，工资就提升了很多，这对普通员工来说是很好的激励。

同时，在明确的提成机制下，每个销售人员可以很清晰地算出做多少事情可以对应获得多少收入，这就能够直接指导他的销售行为。销售员有两种提高收入的方法，一是多卖流量产品，二是多卖提成高的产品。对于前者，他会紧盯货源、和渠道加强沟通、到货后尽快开单销售；对于后者，他会研究产品卖点、甄别渠道与产品的匹配度、提高渠道的产品销售能力。销售员这样做的结果，不仅提高了个人收入，还加快了流量产品周转，提高了整个销售团队的产品推广意识和能力，改善了部门业绩。同时，这样的变革，还提高了客户的满意度。由于销售员的积极性被极大地调动了起来，他们不仅愿意投入更多时间去拜访客户，还会不断学习新的产品知识，提升自己的工作能力，最终更好地服务客户，提升客户体验。

这样的调整，对新业务的拓展也有积极的影响。原来我们在做人员任务分组调整的时候，很多人不愿意承担更多的任务，因为多劳不一定多得。比如原来一个人的销售任务是 1 亿元，又加了 2000 万元的任务，基本薪资的业绩指标就变成了 1.2 亿元，尽管销售额增加了，但是收入并不一定增长。变革后，如果多做了这 2000 万元的业绩，可以直接按业绩提成，大家都会抢这个客户。在没有新增人员的前提下，我们陆续引入的几个新业务，通过 2018—2020 年的发展，销售额快速追平了传统产品线。薪酬调整方案如图 6-5 所示。

图 6-5　薪酬调整方案

在正向激励的同时，我们还约定了惩罚措施。这其实是出于人性的损失厌恶本能设计的。赚钱的时候，我们可能感受不深；但从兜里面把钱往外掏的时候，绝大多数人会非常不情愿。我们设定了两个惩罚机制：一个是重点工作扣款，如果重点厂商有需要重点推广的产品，必须达到合理目标，如果做得不好就会罚款；另一个是风险扣款，如果单子有超期或者坏账，就要罚款。

整个激励机制调整后，仅仅两个月，销售人员虽然总数减少了10%，还有淡季因素影响，但销售额同比增加了26%，人均工薪同比增加46%，广州的一个销售人员一个月拿到了5万多元，引起了轰动效应。当然，也出现了一些局部问题，由于上不封顶，北京、广州等一些地区的销售收入明显高于产品部的大部分同事，引起了一些局部摩擦。但整体来讲，无论是产出层面，还是员工士气层面，都有了较大的改观，大家都更加珍惜自己的工作，改变了我们销售员和基层销售管理人员的一些坏习惯。整体来看，作为员工和部门都从这样的激励变革过程中获益了。

总结来看，组织变革和激励体系能够成功实施，有几个方面的原因。

第一，部门一把手的认知非常关键，要有定力。因为做变革一定会有非常多的阻力，可能会面临大家都说干不成的情况，这就需要坚持，只有坚持，才有可能做成。

第二，在变革的过程中，不要忽视个体的力量。他们的能量激发出来，会带来超乎寻常的系统产出。这个案例只是描述了对基层销售员的激励。如果能够针对中高层干部做更有针对性的机制设计，让这些能量更强的干部能够得到合适的激励，相信整个组织会迸发出更大的动能。

第三，我们在做变革的过程中，肯定会想要完美，既要符合这个人的利益，又要满足那个人的要求，但实际上，每个人的利益是千差万别的，在设计机制的时候，最重要的是抓住主线，争取找到三赢的路线，达到个人、部门、公司三赢，事情就基本算成功了。

纪律就是战斗力

如果我们把企业的运行比作一辆汽车，势能决定的是前进的方向。传导可以说是总成系统，一踩油门，发动机能够加速，靠的是系统内部总成的传导。机制就像发动机，为汽车前进提供了动力。那么纪律是什么呢？纪律就是刹车，汽车行驶在路上，红灯停、绿灯行，或者遇到行人、障碍物，如果没有刹车系统，就没人敢开车了。还没有汽车的时候，我们讲"脱缰的野马"，说的也是同样的道理。

无论是汽车还是野马的比方，都说明任何系统都要有约束，否则力量没有边界，或者力量失了方向，系统就会失控。我们加入一个组织，是为了展现自己的才华，为了寻求职业发展的自由，或者实现人生价值的自由，但如果只考虑个人的自由，而不考虑组织的纪律，想怎么样就怎么样，那组织可能也就不存在了。皮之不存，毛将焉附？只有受约束的自由，才是真正的自由。

那么，对组织来讲，约束的本质是什么？

1. 约束力的核心是信用

小时候，父母告诉孩子不要撒谎，任何时候都要讲真话。中国的父母讲狼来了的故事，西方的父母讲匹诺曹的故事。可见，作为人类，无论东西方，都有讲诚信的共识，因为信用的积累需要时间，但透支起来非常快。

我们不仅是自然人，还是社会人，需要在社会关系中生存，需要建立自己的信用体系。如果信用被透支了，即使将来做了好事，大家也会怀疑。因为别人会以一个人以往的所作所为，来预判将来发生的事情。一旦对这个人的看法形成了成见，之后是很难改变的。所以我们对很多灰色的东西都要制止，要通过纪律的约束，帮助内部成员避免犯错。古人讲"惯子如杀子"，组织中如果没有纪律约束而去随意授权，实质上是给了人犯错的机会，也等同于在害人。

2021年7月7日，公司人力资源部发文辞退了几位员工，原因是他们有托人和代人刷卡的虚假考勤行为。可能在很多员工看来，这个问题似乎不严重，觉得不是原则性问题，为什么要上升到严重违纪，甚至还做了开除处理。但我们认为，不论是一个人，还是一个公司，诚信都至关重要，如果一个人在打卡这样的小事上都要钻空子，何谈信用，我们如何敢将业务交到这样的人手里？

对组织来说，也是同样的道理。我们要通过自我约束，无论对外还是对内，都形成一个可信的组织。能够被客户信赖，这样企业才有存在的立身之本。我们作为一个企业，做出的承诺，说过的话，一定是要算数的。通过法律手段，更多的是防别人，但对我们自己的要求，是一定要按自己承诺的事情做。这种信用，就是约束带来的力量。

神州信息服务 Q 银行已有 11 年。双方合作始于核心系统的建设，至今，五大产品解决方案已全部在该行落地实施，客户满意度 4.98 分（满分 5 分）。

最近 10 年，签约规模已增长数十倍，如此紧密互相信赖的伙伴关系，依靠的是服务团队多年的付出，通过可信的产品交付质量、安全稳定的运行、超预期的解决方案，陪伴、帮助客户实现规模翻倍，达成目标。在神州信息"以客户为中心"的服务理念已沉淀在文化中，贯彻在项目组的日常行动里。

2020 年某天，Q 银行在争取省级合作伙伴的项目时，遇到了难题，需要 3 天内提供一个常规开发周期为 3 月的接口产品，如果不能完成，合作方将取消与 Q 银行的合作。

神州信息本着为客户服务的原则,承接了这个难题。Q银行期望技术服务团队2天内完成三个接口开发。在面对需求缺失、时间不足、系统改造影响大等诸多交付问题时,技术服务团队立刻组织了能调动的所有架构师和高工进入项目组,迅速进行讨论和任务拆解。业务人员负责与对方沟通确认接口和基本需求,技术人员进行存量系统分析,测试人员对原有系统进行研究,大家并行24小时工作,于当天下午5点确认需求后,便开始紧张的设计开发工作。

按着次日早8点完成开发和出厂测试的进度,开发与测试人员通宵赶工,于次日凌晨3:30完成开发和集成测试,经过3小时的出厂测试和缺陷修改,于早上6:30成功将已经完成出厂测试的版本部署到UAT环境,上午8:30联系银行方项目组进行联调测试时,对方都感到很惊讶:"怎么可能在这么短的时间内完成交付。"随着UAT测试的顺利完成,3个接口于晚上9:00正常投产。

秉承"责任、激情、创新、共享"的价值观,我们将客户的事情当成自己的事情,持续不断坚持奋斗,才能有今天客户对神州信息的信赖和认可,才能创造在Q银行这个标杆客户业务上的高速增长。

在改革开放之初,时任中科院院长的周光召先生曾经跟我说过一段话："作为一个企业，不仅仅是物质文明的创造者，同时也是精神文明的创造者。现在改革开放，你们这些企业，不仅仅作为物质文明的创造者，也应该在社会风范上起到很好的作用。"我们作为一个想要基业长青的企业，因为有伟大的、长远的愿景和使命，必须要自我约束，不能浮夸造假，不能虚报瞒报，而是要踏踏实实地往前走。尽管社会上可能有一些不好的风气，我们也要坚守本心，不要被带偏。

我们要树立这种企业的形象，有一种说法叫"社会责任"，其实本质上是很浅显、很朴实的内容。大到一个公司，小到一个部门、一个管理者，如何能通过自我约束，起到一个行为上的示范作用？这其中很重要的一点，是你所在的这个组织，是不是有内在的约束力。如果没有内在约束，组织是不可能有力量的，即使有再好的想法也是执行不下去的。

2. 要有约束力，纪律必不可少

建立有战斗力的企业，高明的管理者通常从严肃纪律入手，强化下属纪律意识。很多优秀的企业，都会从军队文化中吸取养分，其中的佼佼者是华为。为什么要学习军队文化？其核心就是要学习其严明的组织纪律。团队里，纪律严明就可以带来统一的思想和一致性的动作，这样的一致性，会节约沟通成本，减少内耗，形成组织的战斗力。在美国，西点军校也培养出来了非常多优秀的企业家。这是为什么？就是因为组织管理需要合作，而合作中为了达到高效，就需要军队文化中的服从精神。在局面不明朗、不确定的时候，下级能够服从上级指挥，无条件执行、克服困难、使命必达，这样的组织是战无不胜的。

比如我们要求员工上下班打卡，是为了营造对工作负责任的氛围，杜绝自由散漫的环境，制定统一的作息时间和规章制度，保证员工在统一时间内执行命令和履行工作职责，这就是一种纪律约束。不以规矩，不成方圆。人们立身处世乃至治国安邦，都必须遵守一定的准则、法度。在企业里的纪律，会表现为规章制度。但问题是，在实际管理中，不少企业领导者在研究组织、工作特征纪律方面的时间、精力投入几乎是零。许多管理者认为公司规定是怎样的，就如何要求员工，有时甚至还会放宽要求，这实际上是主动放弃了权力和力量。

比如，人力资源考核就是一种典型的纪律。考核的标准源自企业文化、价值观，却并非一成不变。考核标准要反复推敲和讨论，不断改进，这不仅是因为对标准的消化吸收存在一个过程，而且随着公司的不断发展和壮大，对业务的理解、设定的战略状态也会发生改变，进而导致对人才的要求发生变化。这就要求企业管理者要经常思考人力资源考核标准是否合适于当前的业务，做到不为了考核而考核。

神州数码非常重视纪律和约束性，为此，我们采取了各种有效的措施，比如，为了推行工作周报制定了严格的工作周报管理制度。

  为了加强时间管理，按时保质地推进集团部署的各项重点工作，神州数码集团人力资源部制定《神州数码集团工作周报管理制度》，自2020年2月10日起执行，适用于神州数码集团总监级以上人员。

  制度规定了周报提交方式和时间，要在内网主页工作周报系统中按模板要求填写并提交工作周报，周报要求提交给直属上级，并分享给工作相关人员，周报系统每周五开放，最晚提交时间为下周一中午12:00。

  制度还规定了周报提交的数量和质量要求，并由人力资源部对周报填写情况进行月度检查，对未达到周报提交数量和质量要求的人员将进行严肃处理。

  对提交质量不合格的人员，将予以批评；对持续晚交、漏交、或提交质量长时间不合格的人员，将予以降职处理。

  制定规则后，人力资源部每周坚持做提交率的通报，通过有效的制度实施，周报提交率持续提升，最初仅为82%，现在已超过99.5%。

  企业管理者要想规范员工行为，领导员工完成目标，一定要从研究制定适合的纪律和如何发挥纪律作用的角度入手，增强领导力。同时，管理者也必须自律，以身作则，身体力行，坚持及带动团队遵守纪律，成为遵守纪律的模范。这样员工才会心服口服，心甘情愿地接受带领和指挥。

春秋时代崇尚以德治国，孔夫子说"克己复礼"，这是符合当时社会生产力发展水平的。由于生产关系比较简单，人员流动也不那么频繁，所以不需要全面诉诸法律，通过以德治国就足够维持社会稳定；但随着社会发展和生产关系不断复杂，春秋后期在"以德治国"的同时不得不提出法治约束。组织的建设也是同样道理，一方面要强化共同的价值体系；另一方面也必须有非常明确、严格的纪律约束，防止组织出现"劣币淘汰良币"的局面。没有纪律，不处罚、淘汰不守信誉、有问题的成员，实际上是在惩罚有贡献、有能力的成员。不能淘汰"劣币"，最终的结果一定是一起吃大锅饭，优秀的人才或者被排挤，或者主动离开。

在企业中，好的纪律也是一种风气。首先，员工都清楚地知道企业的底线、旗帜鲜明、立场坚定。其次，企业管理过程中一旦发现"劣币"要坚决予以批评教育，甚至行政开除，给其深刻教训。管，是对员工负责；放任，是对员工不负责任。

因此，神州数码强调优胜劣汰机制。从正态分布的统计结果看，任何组织都会有少数有问题的人。这并不是在评价人的优与劣，而是从组织适应性的角度来说，一定有人适合它，有人不适合它。为提升组织效率，必须进行强有力的、强制性的淘汰机制，剔除业绩不合格、不适合组织的人，这是公司纪律约束的重要内容。做不到这一点，组织就不会有战斗力。神州数码希望保留合格的员工，能够创造价值的员工，会旗帜鲜明地处理队伍里"不拉马的兵"，对违规违纪、玩忽职守、不能坚持原则的干部，也会及时问责，坚决处理。

神州数码集团营销人员淘汰机制可以为一些企业提供借鉴。

> 为强化营销人员业绩的过程管理，神州数码集团人力资源部始终坚持这样的闭环管理方式：年初的指标分解，业绩协议书签署，季度考核回顾，不合格人员梳理及淘汰。
>
> 每年年初，公司会根据销售员的业绩指标和考核规则，逐一确定业绩协议书，并组织销售员进行签署，通过季度的业绩回顾，结合商机储备情况，及时发现不合格的营销人员，对连续两个季度业绩不合格的员工，下发业绩警告信；连续三个季度业绩不合格的员工，实行强制淘汰。过程中虽然业务部门会有各种各样的理由，如市场环境不好、业务节奏缓慢、老员工历史上有贡献等，希望能

够再给机会不做淘汰，但人力资源部还是会坚持对业绩产出达不到考核标准的销售人员进行强制淘汰。

除了及时剔除不合适的成员，提高领导力，增强纪律，还要加强基础管理。蚁穴可以溃堤，细节决定成败，这一认知是神州数码经历诸多教训后才获得的。2003年亏损危机过后，神州数码痛定思痛，总结出"基础管理和风险管理体系，是保证公司立于不败之地的基础"。为了提高基础管理，神州数码随后提出RDC[①]计划并持续推动，取得了成功。但2007财年高增长后，神州数码基础管理工作又开始松动。无论是在人力资源还是费用管理等方面，都接连发生违规违纪事件，暴露出管理团队在基础管理上有点儿"打瞌睡"。松动和瞌睡已经严重影响公司战斗力，甚至侵蚀了公司的工作作风和企业文化。在这样严峻的形势下，如不能及时、有效地填补纪律和管理漏洞，业务、部门甚至整个公司都危在旦夕。所幸，神州数码各子公司、事业部、管理干部都意识到严格把好基础管理关，严格把好风险控制关的重要性。干部开始以身作则，发挥表率作用，建立组织严明、步调一致的队伍，打了几场硬仗，才将神

[①] 2004—2006年，公司集中精力攻克"RDC"项目，可以翻译成英文"Rebuild Digital China，再造神州数码"。这三个字母的深层含义是：R代表Risk management，风险管理；D代表Development，指代人力资源管理；C代表Customer，即客户，指面向以客户为中心的服务转型，我们认为这三方面是公司非常重要的能力。

州数码从危险的边缘拉了回来。

增强领导力,还要旗帜鲜明地反对妨碍企业发展的不良风气。神州数码立志做一家百年老店,很重要的一点是控制风险,除了控制商业风险,还要控制腐败风险,后者会导致公司全军覆没。腐败是一个组织的"癌症",当周围有很多诱惑,并且自我意识缺失时,腐败就会发生。因此,神州数码时刻提醒内部一定要坚决反对腐败,只要有任何触及腐败的事件,公司都会严格处理,绝不留情,这就是纪律。

3. 最有效的约束源于企业文化

我们在谈纪律、谈约束力的时候,都会与企业文化、企业价值观相挂钩,这是为什么?是因为约束是一种标准,而这种标准的制定和实施,是由企业文化决定的。在守法之上,企业文化决定了组织中人的行事准则。那么,企业文化是什么呢?

曾经有人问钱钟书先生,什么是文化?一下子把钱老给问住了,他想了很长时间,后来给出的回答是:文化是我们的共同记忆。好比说《史记》,它是一个历史的记载,从神话传说,到周朝到秦朝,再到汉朝,它记载的是我们中华民族共同的记忆,这就是我们的文化。这些记忆会深刻地影响我们整个民族的人。如果没有《史记》的话,没有人能记得下这么多的东西,文化也就难以传承。

企业也是这样,企业文化其实就是我们企业发展的共同记忆。今天我们所有的东西,好的东西也好,不好的习惯也罢,其实都是发展过程中的一个记忆。现在形成的行为惯性,其实是因为过往的一些成功经验,也是企业传承的共同底色。比如承包制,给我们公司的发展长期贡献了稳定的利润,这是非常成功的经验。但面向未来创新的业务,它就存在不适应,我们忍痛也要进行调整。在新的纪律执行的过程中,如果出现执法不严的情况,就会导致大家不重视这个纪律。那为什么会出现执法不严的现象?是因为实际上在执法过程中,经常存在两难的情况。

商鞅变法过程中有个故事非常精彩。当时秦国的国君是秦孝公,就是他起用了商鞅来变法,并给予了超常规的支持力度。但秦孝公的儿子犯了法,按律法来说,是要对他进行处罚的。这件事情就让商鞅犯难了,因为秦孝公只有这一个儿子,如果把这个儿子给废掉了,那就意味着秦朝没有继承人。如果没有继承人,那变法的目的又是什么?是为了保证秦朝的长期繁荣,可要是连继承人都没有了,还谈什么繁荣富强?但是如果不处罚的话,法律没有震慑作用,也就等于没用了。

就是在这样的背景之下,商鞅还是找到了变通的办法,他处罚了太子的太傅嬴虔,也是秦孝公的大哥——变法的坚定支持者。最后商鞅给他处的刑罚是劓刑，也就是把他的鼻子给砍了。过程中太傅肯定也不乐意，但还是支持了商鞅的处罚，并没有因为自己的身份而拒绝执法。此事之后，秦国推行法治便再无阻碍，这也为强秦的建设打下了良好的基础。

所以，很多时候，坚持法度是对我们领导者的巨大考验，要看你敢不敢坚持原则。我们在处理事情的时候要快，但是在处理人的问题上要慎重，因为很多东西并不像表面上看得这么简单。在企业发展过程中，对这种两难事情的处理，会形成比较深刻的共同记忆，这些记忆留给大家的印象，可能会比推行的纪律本身影响还要大。最终大家记住的是这件事，而不会是当时执法的过程。但我们无论如何处理，始终要记得，所有的纪律惩罚，针对的都是事情本身，是为了让大家知道，自己不能越过那条红线，而不是针对某个人。

那么，我们应当如何做呢？首先，要做到执法必严。其次，对事情的宣传要到位，要让大家很清楚地知道，我们是坚决在按规矩执行的。这个事情说得容易，但实际在处理过程中，要把握好尺度是很不容易的，需要智慧。无论纪律也好，机制也罢，可能都要打破过去的成功经验，要去否定或者改造它，要打破组织的惯性，这是非常困难的，要有非常坚定的信念才行。

除了有信念，还有很重要的一点是，我们的规则要制定得合情合理。如果规则不符合实际情况，实际上难以执行，就会为执法者留下调节的空间。所以，如何制定合情合理的制度，符合我们的业务需求，就是我们实际面临的一件困难的事情。

在承包制下，管理规则制定是比较简单的，比如把1亿元的利润指标分给10个经理，每个人分配1000万元就完成了。但如果我们要做精细化管理，要做流程上的机制建设，是要把利润指标的形成流程进行分解的，需要把形成这个结果的不同工作内容，分解到不同的岗位上，让不同岗位的人去完成他的职责。要通过对这个岗位职责来制定激励或者惩罚的机制，才是有效的。否则，就还是粗放式的管理，过程仍然不可控。这个分解是需要考验领导者专业度的，如果分解得不合理，就会出现无人真正为结果负责的局面，还不如不分解。但如果长期只盯结果，不做过程分解，组织的战斗力也无法真正发挥出来。所以我们现在鼓励专业化分工，对架构进行分解，这是一条正确但艰难的路。

机制的摸索，需要有一个过程，从提倡，到规范，再到纪律约束。比如我们推行时间管理周报，已经有五年多时间了，但还不是非常满意，仍然还有很多方面需要改进。如果我们在刚开始执行过程中，因为没有填周报就进行处罚是不是就合适呢？当然也不是很合适。所以只能进行个别辅导，这也是一种压力。但是慢慢地，当我们的周报做到一定程度的时候，就可以把它当作一种纪律了。

在整个机制制定和执行的过程中，整个组织的成员都要自我约束。每个人遇到挑战困难的时候，要去解决，要去自我约束，都是很痛苦的，我也一样很痛苦。在这个时候，用什么样的心态去面对，就非常重要了。我们作为领导集体，特别是我们的班子成员，首先要以身作则，自我约束。要求员工做到的，自己首先要做到，这样我们才能以更积极、向上的心态，来面对各自所负责的工作。

第七章

高效能与平衡，是时间管理的终极要义

要高效率，更要高效能

这些年来，我一直倡导时间管理，顶着巨大的压力在公司中推行时间管理理念、组织时间管理培训，并不只是为了让大家在有限的时间内做更多的事情，而是希望大家不仅要追求效率，更要看到效能之于个人、之于企业的重要意义。

在管理学上，效率指的是单位时间完成的工作量，或者指某一工作所获的成果与完成这一工作所花时间和人力的比值，有效地使用社会资源以满足人类的愿望和需要。而效能是指人们在有目的、有组织的活动中所表现出来的效率和效果，它反映了所开展活动目标选择的正确性及其实现的程度，是产出和产能之间的平衡，是短期利益与长期目标之间的平衡。

在现实生活中，我们会看到，无论是企业还是个人，关注的重点大多在"效率"。

比如，管理者总是希望员工们鼓足干劲去做某件事，要求大家以最快的速度来完成它。其实，如果冷静下来，认真思考，可能就会发现，这件事对公司没那么重要，甚至有可能过多地占用公司的资源，导致公司没有把资源投入那些真正需要的业务上。这种做法虽然看上去达到了高效率，实际上却没有给公司带来什么效能。

再比如，有的人很爱看书，但看书的时候只是泛读，完全没有思考，只追求数量，看得越多越好、越快越好，但这会给他带来真正的成长吗？不会，因为他完全没有吸收那些书里的营养，书里的知识根本没有进入他的头脑，更别说内化成为他自己的思想了。

彼得·德鲁克在《卓有成效的管理者》一书中对"效率"和"效能"进行了简明扼要的总结："效率是'以正确的方式做事'，而效能则是'做正确的事'。效率和效能不应偏废，可这并不意味着效率和效能具有同样的重要性。我们当然希望同时提高效率和效能，但在效率与效能无法兼得时，我们首先应着眼于效能，然后再设法提高效率。"

管理学家、诺贝尔奖获得者赫伯特·西蒙（Herbert A. Simon）也对"效率与效能的区别"进行过全面的剖析，他认为："效率的提高主要靠工作方法、管理技术和一些合理的规范，再加上领导艺术；但是要提高效能必须有政策水平，战略眼光，卓绝的见识和运筹能力。"

由此可见，虽然效率很重要，但我们不能一味地追求效率，高效能才是真正值得我们追求的。例如，公司里有两个员工做着同样的工作，其中一个每天忙忙碌碌，做的事情可以写满一张纸，看上去效率很高，但是没给公司创造什么价值。另一个人看上去并不忙，但是他把工作重点抓得很好，并且为公司解决了很多难题、创造了很大的价值。这两个员工，管理者会更器重哪一个呢？答案当然是后者，因为他既有效率，又有效能。

高效能正是我们做时间管理的真正目的。如果我们进行了有效的时间管理，就会对目标和成效有所规划，我们就不会陷入"追求效率"的陷阱中。比如，很多互联网公司在早期并不重视盈利，甚至在很长一段时间都处于亏损状态，但它们非常重视流量的积累、市场占有率的提高等。实际上，它们是为了未来的持续增长暂时放弃了眼前的利益，它们追求的是高效能而不是一时的效率。

效率代表速度和数量，效能代表质量和持久，而时间管理就是让我们坚持去花时间做真正有价值、能带来高效能的事情，它会给我们的人生、给我们的企业带来积极的、深远的影响。正如《麦肯锡卓越工作方法》一书中所说："正确地做事强调的是效率，结果是让我们更快地朝着目标迈进，做正确的事强调的则是效能，结果是确保我们的工作是坚实地朝着自己的目标迈进。效率重视的是做一件工作的最好方法，但是效能重视时间的最佳利用。"

把握工作和生活的平衡之道

平衡工作和生活同样是时间管理的重要目的之一。如果把企业看成一个能量体，什么样的状态才是最理想的状态？如果用一个词来回答，我想这个词正是"平衡"。

很多人在事业上倾注了大量的时间和精力，在堆积如山的工作中超负荷运转，却忽视了生活，忽视了家庭、亲情的经营。

其实，工作和生活并不是非此即彼的，工作本就是生活的一部分。一个人要想对工作保持长久饱满的热情，一定要学会合理安排自己的生活。如果每天都因为工作而绷着一根弦儿，只会透支自己，使自己陷入焦虑、疲惫的状态中，这样的人怎么可能在工作中获得成就感呢？

社会学中，有一个理论叫作"幸福总量理论"，它指的是人们所感受到的幸福，是在不同维度累加获得的，而不是用一个单一指标来衡量的。工作和生活，在我们的人生中处于不同的维度，这两者都是不可或缺的，只有同时提高这两者的质量，我们才能获得更多的幸福感。良好的生活状态会带来工作的高效，而高效率的工作也会给提升生活质量留出充沛的精力。从某种意义上说，好的生活是好的工作的前提条件。大前提稳定了，你工作起来才会有干劲，你才会感受到生命的价值。

所以，我们不要在工作和生活之间划一道分界线，要学会协调工作和生活，在这两者之间求得平衡，掌握好快与慢的节奏，活得张弛有度。

那么，如何练好工作和生活的平衡术？

1. 留一部分时间给家人

如果见某个重要客户的时候，你太太打电话说："什么时间了，赶紧去接孩子吧。"你心中必定是七上八下的，太太那边通常也是"鸡飞狗跳"的。所以，在安排自己时间的时候，一定要和家庭成员协商，得到家庭的理解和支持，特别是另一半的理解和支持。夫妻双方都要有"家庭与事业平衡"的意识和行为，共同承担家庭的责任，统筹安排，合理分配时间和精力，把家庭的事情和两个人的工作规划协调好。一方忙碌的时候，另一方可以在自己工作不忙的时间里，多帮对方承担一些。只有双方共同努力，才可能做好家庭与事业的平衡。

> 为了帮助员工营造温馨的家庭氛围，神州数码设立了专门的"户外家庭日"，并且举办了丰富多彩的健康周活动。其中，户外家庭日会组织员工及家属开展的远足、露营、爬山等活动，促进不同业务单元员工的交流和分享。员工健康周活动既包括团队赛，也有一些个人趣味项目，让大家共享运动乐趣，传播运动热情。两项活动始于 2017 年，得到了大家的广泛好评。

2. 留一部分时间给休息

农民懂得大地的习性，虽然土地蕴藏丰富资源，仍需经过一段时间的调养才能发挥最大的效益。工人也知道，弓弦不能总是绷紧了不放。人类更需要依循大自然的法则，只有休息好，才能保持健康的身体、愉快的情绪、旺盛的精力。

很多人在工作中做出惊人成绩，并非因为他们以牺牲休息为代价，恰恰相反，他们当中许多人很重视休息，才赢得了健康的体魄和旺盛的精力，这正是他们成就事业的基础和本钱。

冯友兰先生是 20 世纪享誉中外的哲学家，1895 年 12 月 4 日生于河南省唐河县祁仪镇，1990 年 11 月 26 日以 95 岁高龄去世。他长寿的秘诀就是适时休息。虽然他笔耕不辍，但是不会超负荷地持续工作，伏案一段时间后，他就会休息一会儿，侍弄一下花草，或者散散步，调整一下自己的状态。

我们在紧张忙碌的生活和工作中，更应该懂得劳逸结合。一个人只有休息好，才有可能精力充沛地投入工作。

获得高质量的休息，并不是一件轻而易举的事情。最大的阻碍因素是，人们通常很难做到在该工作的时候工作，该休息的时候就果断地放下手头的工作去安心休息。其实，不论我们的工作有多忙，都没有忙碌到连一点儿休息的时间都没有。比时间紧张更为令人担忧的，是工作带给我们的紧张情绪被我们毫无保留地带到了生活中,每一分每一秒,我们都会受其所累。休息的时候,我们的大脑也不能得到放松,心里始终还在想着关于工作的各种问题。虽然我们可能已经远离了电脑,远离了文件,然而,我们的生活却还是和这些东西紧密地连在一起,不可能得到彻底休息。更为严重的是,这种紧张的状态还会蔓延到我们的睡眠之中,让我们连睡觉都不得放松。长时间得不到休息,得不到放松,久而久之,疾病可能就会找上门来。与其这样,不如及时调整自己的状态,该工作的时候就一门心思努力工作,该休息的时候就彻底放松。

3. 留一部分时间给健康

健康是生命之源,失去了健康,再多的财富都只是一个象征,再多的追求都只是一个口号。很多人因为对身体不曾注意与留心,以致"壮志未酬身先死"。他们在身体正当强壮的时候,已经是"老态龙钟"了,他们的生活变得枯燥而乏味,毁掉了自己有所作为的可能性,这真是莫大的悲哀。

身体是陪伴自己一生的朋友,善待它才是善待生命。能够有健康的身体、健全的精神,才是人生最大的幸福。所以,我们一定要留一部分时间给健康。健康不仅仅是指没有疾病或病痛,还需要保持躯体上、精神上和社会上的完全良好状态。也就是说,健康的人要有强壮的体魄和乐观向上的精神状态,并能与其所处的社会及自然环境保持协调的关系和良好的心理素质。

为了提升员工的健康意识，丰富员工的业余生活，增加员工间的交流与互动，神州数码经常组织各种文体活动，鼓励、带动大家锻炼身体。

从2012年开始，神州数码于每年8月在京区及全国各平台（港澳除外）都会同步开展"羽毛球日"活动。通过团队赛、单项赛、趣味赛、合作伙伴友谊赛等组织形式，传播"神州一家"的组织文化认同，每年平均600余名员工与家属参与其中。

"神州数码杯"足球锦标赛、篮球锦标赛也是神州数码的重要活动。每个项目每两年组织一届，每年有一项大球类比赛活动。两项团队赛均为团队项目，以各业务集团为单位组队参赛。

同时，神州数码还成立了游泳及羽毛球俱乐部，为员工发展业务爱好、锻炼身体提供支持。

这些赛事和活动的开展，不仅使员工形成了良好的健身意识，成为员工释放、缓解压力的有效途径，还搭建了业务集团、部门间的沟通、交流平台，弘扬了团结奋进、勇于拼搏的精神和信念，助力公司文化建设。

此外，为了避免员工因生病而影响生活质量，神州数码还成立了互助基金会,大家平时一点一滴的基金积累,有效地帮助了多名遇到重大疾病事件而急需资金的员工,解决了他们的燃眉之急。

> 神州数码工会于 2007 年建立了神州数码员工互助基金,希望用一种新的方式,为公司员工建立一个新的保障体系。每个愿意加入这个基金会的员工,每个月交 10 元钱,一次性缴纳 120 元,即成为基金会的成员。这个基金就可以在基金会会员遭受重大病痛需要大笔资金,而社保体系不能完全予以解决的时候发挥作用。
>
> 建立员工互助基金,就是依靠大家自己的力量,在疾病风险降临的时候,多一些温情,少一些悲苦;多一些庇护,少一些风险。截至 2022 年 12 月 31 日,神州数码员工互助基金会入会人数 13055 人,正编员工参保率约 86%,累计审议通过 100 例会员救助申请(2022 年度 7 例)。

4. 留一部分时间给思考

再忙我们也要给思考留一部分时间,尤其是面对一些重要的事情或要做出一些重大战略决策的时候,更需要有足够的思考时间。比如,遇到非常困难的战略决策时,我一般倾向于看看是不是可以先不做决定,而是把它放一放,再想一想:"这个事情是不是这样?"同样,如果碰到一件看上去特别好的事，也要先冷静冷静，好好想一想："这是真的吗？上天怎么会这么眷顾我？这是不是一个陷阱？"没有事情是绝对的，任何事物都有两面性，我们需要从多个角度去琢磨。

节奏是韵律，在自然界、社会生活中到处都有节奏。大自然有潮涨潮落、日出月落、四季更替，植物有发芽、成长、成熟和种子传播，人类社会从原始阶段向更高阶段不断迭代进化……工作和生活也有自己的节奏，只有通过时间管理掌控自己工作和生活节奏的人，才能张弛有度、游刃有余，从而演奏出美妙的工作和生活协奏曲，在工作中实现自己内在价值的同时，也收获生活的幸福感和满足感。

谋定而后动，让风险消弭于无形

时间管理带来的另一个好处是：提前谋划，降低意外事件和风险的发生概率。

"谋定而后动，则无往而不胜"，中国古代兵法非常看重这一句话。现代企业管理也应如此。企业的内外部环境一直处于不断变化中，不断产生各种问题和挑战，这就需要管理者通过谋划来降低意外事件和风险的发生概率，在工作中通过谋划来解决问题。

2020年，神州信息迎来了 A 市某行业大数据平台的交付工作。该项目作为市级大数据平台标杆，要对同区域两个大数据项目落单，以及另外3个地市大数据项目商机拓展提供先验案例，无论是对客户，还是对公司的业务拓展，都具有标志性的意义。这个项目的顺利交付，就得益于通过良好的时间管理提前做好了谋划。

这个项目的需求于2020年3月显现，同时明确7月完成验收交付，可谓时间紧、任务重。这时，神州数码的高效时间管理就发挥作用了：3月14日，我们派了三人调研小组奔赴项目现场，开启了需求调研；4月16日，业主方内部需求设计评审汇报，5月6日，省、市各单位专家对设计方案评审时给出高度评价；6月11日，将最新研发成果向业主方分管局长进行汇报与演示，赢得了局领导的高度认可。

在项目进程中，团队坚持把项目90个日历日终验的目标切分为周计划和月度计划，"凝视灯塔，借力使舵"，不断修正航向。其中涉及多方交涉的对接问题，严格做好提前规划，提前沟通，提前部署，采用并行施工与赶工相结合的方式，保障项目严格按照里程碑节点完成了实施。这个从0到1的项目，是个不断摸索前行的过程，也是一个开疆拓土的过程，正是管理团队的未雨绸缪，让项目哪怕过程中出现了诸多意外因素，也最终实现了顺利交付。

从结果来看，该项目从需求调研到上线部署初验，共历时 3 个月。由 13 个人组成的项目团队，打造了一个"全国一流，地方特色"的市级行业大数据示范工程，深受客户的好评，为下一期项目落单提供了关键支撑。同时，项目还为该行业地市级大数据平台的标准化、规范化孵化了标准产品，为公司开拓其他区域市场提供了强有力的支撑。

谋略产生于计划，管理者决策时应如作战用兵制定战略战术一样，三思而后行，通过准备工作来研究实情，积累素材和信息，弄清楚工作的来龙去脉，再根据这些研究来制定出相应的计谋和策略。总之，了解事情发展情景、特点，把握事情发展方向，先谋而后动，才能有效降低意外和风险发生的概率。

从某种意义上来说，很多工作都可以提前安排。比如投资、并购等重大事项需要持续一年甚至一年半的时间，其中工作内容很繁杂。这就需要提前谋划，做得越早，意外和风险发生的概率越小。神州数码每一次重大并购，实际上都是重大创新，因为每一次都是在做前人没有做过的事情。在这个过程中，神州数码获得了一个重要经验：面对事先预想不到的紧急工作和任务，必须把工作计划、时间管理做好，这样整项工作才能比较轻松。特别是主动把预先谋划和风险防范工作考虑进来，可以有效降低意外和风险的发生。把握工作的整体节奏和时间安排，便不会出现或者较少出现必须在很短时间内完成紧急工作的窘态——这是在实际工作中经常遇到、困扰我们的问题。

从现代风险控制理论和实践来看，关注风险潜伏阶段，是有效降低风险发生概率并减少风险的重要阶段。在这个阶段，风险还存在于水面之下，可查可控。因此，这个阶段的风险管理重在预防，首要任务是做好事先的谋划和准备工作，要识别潜在风险、规避和转移风险，降低风险发生概率；同时，要准备好风险应对预案。在风险不可避免地发生时，这些谋划和准备工作也为应急处理奠定了基础，使我们可以相对从容不迫地做好风险应对、处理和善后工作。

中国商业社会环境尚不完善，商业诚信体系还未完全建立，风险无处不在，无论过去、现在还是将来，风险管理体系一直是神州数码核心竞争力的集中体现。多年的实践证明，它是让神州数码立于不败之地的保证，是组织机体健康发展的重要保障。所以，神州数码不寄希望于不按商业规则做事的人或组织，与其进行合作、追求小利、甘愿冒风险的急功近利行为或将使我们吃大亏，随时都要保持风险防范的警惕意识。

当然，风险管理不是卡住业务脖子，如何发挥优势，实现企业与客户共同成长才是关键。作为企业管理者，必须通过有效的风险管理措施，使公司有限的资源最大限度地获取实力强、信用好、价值大的客户，保持良好的财务状况，尽量规避业务运作中的风险。

风险管理能力依赖组织保障、制度流程及个人的能力。在这方面，各个级别成立风险管理组织是神州数码的特色。只有通过持续的流程和制度建设，完善细节，落实有效责任，才能防微杜渐；只有加强自身服务能力的培养——熟悉业务，延伸至业务的前端——才能积极、准确、到位地助力业务不断进化与优化，提升整体核心竞争力。

比如，拜访客户不应看作为了某个项目特意拜访，而是应当视为一次计划过程当中的走访。拜访中虽然并没带着一定目的和具体事项，双方只是谈一谈发展、合作、机遇，但这个过程能够建立与对方的感情和信任纽带，当然极有可能发现足够的商机。在漫谈过程当中，客户会提供很多重要信息，然后可以据此来筹划自己应该做的事情。此外，有了双方的感情基础，需要合作的时候仅靠一个电话、一个简单的沟通就可以完成。

科技行业风云变幻、竞争激烈、发展迅速，机会稍纵即逝，科技企业必须做到比他人早看、早想、早做一点；做到吃着碗里的，做着锅里的，种着田里的。对科技企业来说，高屋建瓴、未雨绸缪是上策，只有保持警觉、把握先机、依靠战略性思维，才能取得整体竞争优势。

参考文献

[1] 埃里克·布莱恩约弗森,安德鲁·麦卡菲. 第二次机器革命[M]. 蒋永军,译. 北京:中信出版社,2014.

[2] 彼得·德鲁克. 管理的实践[M]. 珍藏版. 齐若兰,译. 北京:机械工业出版社,2009.

[3] 彼得·德鲁克. 卓有成效的管理者[M]. 许是祥,译. 北京:机械工业出版社,2005.

[4] 富兰克林. 富兰克林自传[M]. 蒲隆,译. 南京:译林出版社,2009.

[5] 格拉宁. 奇特的一生[M]. 侯焕闳,唐其慈,译. 郑州:海燕出版社,2001.

[6] 郭为. 数字化的力量[M]. 北京:机械工业出版社,2022.

[7] 赫伯特·A. 西蒙. 管理行为[M]. 詹正茂,译. 北京:机械工业出版社,2013.

[8] 卡尔·马克思,弗里德里希·恩格斯. 马克思恩格斯文集第1卷[M]. 中共中央马克思恩格斯列宁斯大林著作编译局,译. 北京:人民出版社,2009.

[9] 克莱顿·克里斯坦森. 创新者的窘境 [M]. 胡建桥, 译. 北京：中信出版社，2020.

[10] 诺斯古德·帕金森. 官场病帕金森定律 [M]. 陈休征, 译. 北京：生活·读书·新知三联书店，1982.

[11] 乔治·埃尔顿·梅奥. 工业文明的社会问题 [M]. 时勘, 译. 北京：机械工业出版社，2016.

[12] 斯蒂芬·罗宾斯. 组织行为学 [M]. 18版. 孙健敏, 朱曦济, 李原, 译. 北京：中国人民大学出版社，2021.

[13] 孙武. 孙子兵法 [M]. 陈曦, 译注. 北京：中华书局，2022.

[14] 泰戈尔. 人的宗教 [M]. 曾育慧, 译. 长沙：湖南人民出版社，2017.

[15] 汤姆·彼得斯，罗伯特·沃特曼. 追求卓越 [M]. 胡玮珊, 译. 北京：中信出版社，2015.

[16] 托马斯·索维尔. 经济学的思维方式 [M]. 吴建新, 译. 成都：四川人民出版社，2018.

[17] 吴兢. 贞观政要 [M]. 北京：中国文史出版社，1999.

[18] 习近平. 习近平谈治国理政第1卷 [M]. 北京：外文出版社，2018.

[19] 项目管理协会. 项目管理知识体系指南（PMBOK 指南）[M]. 6版. 北京：电子工业出版社，2018.

［20］亚当·斯密. 国富论［M］. 珍藏本. 唐日松,译. 北京:华夏出版社,2012.

［21］严蔚敏,吴伟民. 数据结构C语言版［M］. 北京:清华大学出版社,2007.

［22］杨宽. 战国史料编年辑证［M］. 上海:上海人民出版社,2001.

［23］蔚林巍. 项目管理的最新进展［J］. 管理工程学报,2000(3).